Table des matières

Conseils pour l'enseignement

Éveiller l'intérêt des élèves

Aidez les élèves à mieux comprendre et apprécier les divers concepts en mettant à leur disposition, dans un coin de la classe, des livres informatifs, des images et des collections reliés aux sujets étudiés qui les encourageront dans leur apprentissage.

Activité « Ce que je pense savoir/ Ce que j'aimerais savoir »

Présentez chaque module de sciences en demandant aux élèves ce qu'ils pensent savoir et ce qu'ils aimeraient savoir du sujet. Cette activité peut être faite en groupe classe (au moyen d'un remue-méninges), en petits groupes ou individuellement. Une fois que les élèves ont pu répondre aux questions, rassemblez l'information trouvée afin de créer un tableau de classe que vous pourrez afficher. Tout au long de l'apprentissage, évaluez les progrès que font les élèves afin d'atteindre leur objectif, pour ce qui est des connaissances qu'ils veulent acquérir, et afin de confirmer ce qu'ils pensent savoir.

Vocabulaire

Notez, sur une feuille grand format, le nouveau vocabulaire relié au sujet étudié, afin que les élèves puissent s'y reporter. Encouragez les élèves à utiliser ce vocabulaire spécialisé. Classez les mots dans les catégories noms, verbes et adjectifs. Invitez aussi les élèves à concevoir leur propre dictionnaire de sciences dans leur cahier d'apprentissage.

Cahier d'apprentissage

Un cahier d'apprentissage permet à chaque élève d'organiser ses réflexions et ses idées au sujet des concepts de sciences présentés et étudiés. L'examen de ce cahier vous aide à choisir les activités de suivi qui sont nécessaires pour passer en revue la matière étudiée et pour clarifier les concepts appris.

Un cahier d'apprentissage peut contenir :

- des conseils de l'enseignante ou enseignant
- des réflexions de l'élève
- des questions soulevées
- des liens découverts
- des schémas et images avec étiquettes
- les définitions des nouveaux mots

Les êtres vivants

Tu sais que notre monde se compose d'êtres vivants et de matières non vivantes. Un oiseau est un être vivant. Une roche n'en est pas un. Mais qu'est-ce qui fait que quelque chose est vivant? Nous sommes tous vivants, mais un arbre l'est aussi. Qu'est-ce qu'un être humain et un arbre ont en commun?

Caractéristiques des êtres vivants

Les êtres vivants se nomment « organismes ». Tous les organismes ont certaines caractéristiques en commun :

- **Ils se composent d'une ou de plusieurs cellules.** Une cellule est l'unité de base de tout ce qui vit. Elle est la plus petite unité d'un organisme vivant. Certains organismes, comme les bactéries, se composent d'une seule cellule et sont donc unicellulaire. D'autres organimes, comme les êtres humains, se composent d'un grand nombre de cellules et sont donc multicellulaires.
- **Ils utilisent des matières et de l'énergie de leur environnement pour croître et se développer.** Les êtres humains mangent de la nourriture. Leur corps transforme cette nourriture en énergie, avec l'aide de l'eau consommée. Les plantes vertes utilisent la lumière solaire et l'eau pour fabriquer leur propre nourriture et ainsi obtenir de l'énergie.
- **Ils réagissent à leur environnement.** Un chat réagit parfois à un bruit fort en courant se cacher. Les fleurs réagissent à la lumière solaire en se tournant vers le soleil.
- **Ils respirent.** En d'autres mots, ils échangent des gaz avec leur environnement. Les animaux et les êtres humains font entrer de l'air (oxygène) dans leurs poumons et rejettent du dioxyde de carbone. Les plantes font le contraire quand elles fabriquent leur nourriture. Elles absorbent le dioxyde de carbone et libèrent de l'oxygène dans l'air.
- **Ils se reproduisent.** Ils peuvent produire des copies d'eux-mêmes. Les bactéries se reproduisent en se divisant en deux. Certaines plantes se reproduisent au moyen de graines. Certains animaux pondent des œufs. D'autres animaux donnent naissance à des bébés déjà formés.

Les besoins des êtres vivants

Pour que les êtres vivants survivent, leurs besoins doivent être satisfaits. Ces besoins comprennent de la nourriture et de l'eau, qui leur fournissent l'énergie qui leur permet de croître, de se développer et de se reproduire. Ils ont besoin d'air, c'est-à-dire des gaz qu'il contient. Il leur faut un endroit où vivre (un habitat) qui leur fournit tout ce dont ils ont besoin pour survivre.

« Les êtres vivants » - Penses-y!

1. Choisis un organisme que tu connais très bien. Ce peut être un animal tel qu'un lapin, ou une plante telle que le plant de la pomme de terre. Sur une autre feuille de papier, rédige un paragraphe dans lequel tu expliqueras comment tu sais que l'organisme choisi est un être vivant.

2. Regarde le tableau ci-dessous.

a) Écris de quoi est fait chaque élément de la liste. b) Encercle les éléments qui sont vivants.

Éléments	Est fait(e) de
anneau d'or	
fromage	
papier	
écharpe de laine	
bocal de verre	

3. Choisis un animal qui vit dans ta région. Explique comment l'animal satisfait ses besoins en nourriture et en eau.

4. La température est importante pour les êtres vivants. Certains organismes peuvent survivre là où il fait très chaud. D'autres peuvent survivre là où il fait très froid. La température est un élément de quel besoin? Pourquoi?

Classification des organismes

Il y a plusieurs types d'êtres vivants sur Terre. Tous les êtres vivants ont certaines caractéristiques en commun; ils appartiennent donc tous à un même groupe, celui des organismes. Les scientifiques sont d'avis qu'il existe plus de 10 millions de types d'organismes sur Terre. Les classifier aide les scientifiques à les étudier et à mieux les comprendre.

On utilise les caractéristiques d'un organisme pour le classifier. Les caractéristiques comprennent les fonctions de chaque partie de l'organisme. Son apparence, intérieure et extérieure, constitue une autre caractéristique.

Le système de classification le plus utilisé divise les organismes en cinq règnes : plantes, animaux, champignons, monères et protistes. Chacun de ces règnes se divise en plus petits groupes qui, eux aussi, se divisent en petits groupes. Plus les groupes rapetissent, plus les organismes qui en font partie se ressemblent. Il y a plus de ressemblances entre les plantes d'une même famille qu'entre les plantes d'un même embranchement.

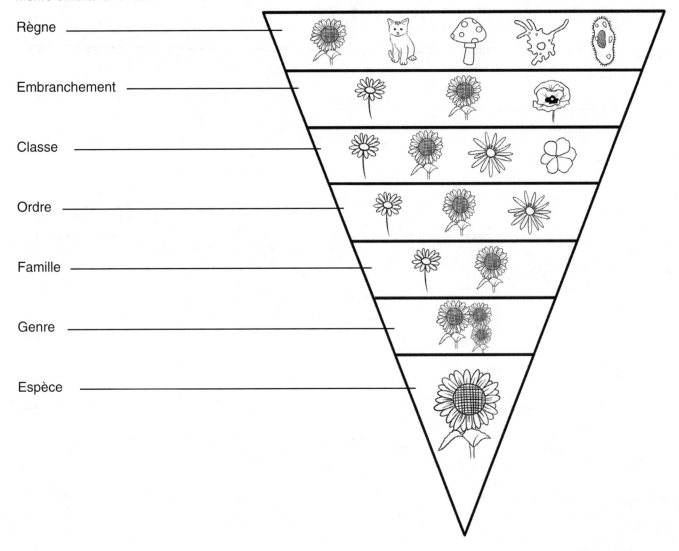

Règne

Embranchement

Classe

Ordre

Famille

Genre

Espèce

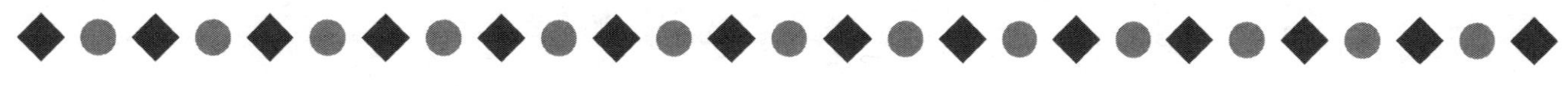

« Classification des organismes » - Penses-y!

1. À ton avis, pourquoi ce système de classification a-t-il changé depuis les années 1700?

2. Pourquoi est-il important que tous les scientifiques aient recours au même système de classification?

3. Tu dois classer six animaux dans l'organigramme ci-dessous : l'étoile de mer, l'écureuil, le lion, la truite, la baleine et le moineau. Trouve des caractéristiques communes afin de diviser le premier groupe en deux groupes. Puis divise chacun de ces deux groupes en deux autres groupes. Continue à diviser les groupes jusqu'à ce qu'il n'y ait qu'un animal dans chaque catégorie. (Tu n'auras peut-être pas besoin d'utiliser toutes les cases.) Dans chaque case, indique la caractéristique dont tu te sers pour classer les animaux, puis le nom des animaux du groupe. Par exemple, tu pourrais choisir comme classification « A un pelage : lion, écureuil » et « N'a pas de pelage : moineau ».

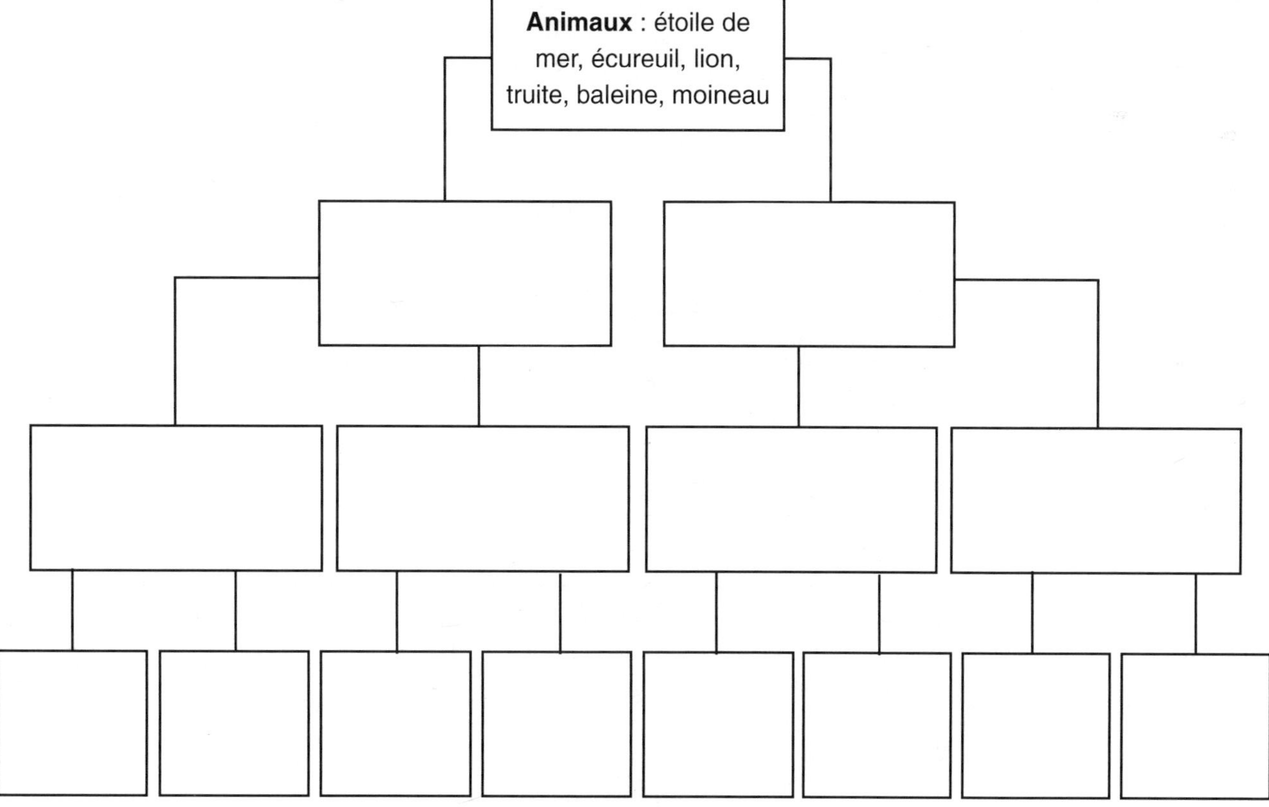

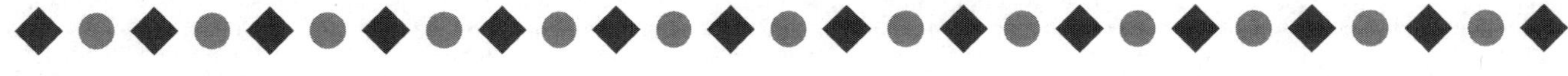

Le règne animal

Tous les animaux présentent ces caractéristiques :

- ils sont multicellulaires;
- ils comptent sur d'autres organismes pour se nourrir;
- ils peuvent se déplacer ou déplacer des parties de leur corps pour obtenir de la nourriture;
- chez la plupart d'entre eux, deux individus sont nécessaires pour la reproduction.

Tous les animaux peuvent être divisés en deux groupes principaux : les vertébrés et les invertébrés. Les vertébrés ont une colonne vertébrale. Les invertébrés n'en ont pas. Tous les vertébrés font partie de l'embranchement des Cordés, qui comprend les amphibiens, les reptiles, les oiseaux, les poissons et les mammifères. Les invertébrés se divisent en plusieurs embranchements, dont les annélides (vers de terre) et les mollusques (escargots et palourdes). L'embranchement des arthropodes se divise en sous-embranchements qui comprennent les insectes, les crustacés et les arachnides.

Seuls 5 % des animaux sont des vertébrés. Que sais-tu des invertébrés?

Caractéristiques des invertébrés

Embranchement/ Sous-embranchement	Exemples	Caractéristiques
Insectes	• papillon • fourmi • sauterelle • mouche	• six pattes articulées • corps à trois parties • ont presque tous des ailes • exosquelette (squelette extérieur)
Arachnides	• araignée • scorpion • tique • mite	• habituellement huit pattes articulées • exosquelette • corps à deux parties • pondent des œufs
Crustacés	• crabe • homard • pouce-pied	• exosquelette • corps à deux parties • pattes ou pinces articulées • deux paires d'antennes
Annélides	• ver de terre • ver plat • sangsue	• corps segmenté • aucun membre • presque tous recouverts de poils courts
Mollusques	• escargot • pieuvre • huître	• corps mou • coquille externe ou interne • une patte ou des tentacules utilisés pour se déplacer, se fixer à quelque chose ou attraper sa nourriture

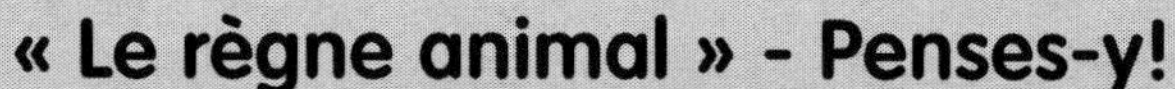

« Le règne animal » - Penses-y!

1. Explique pourquoi un ouaouaron est un animal.

2. À ton avis, pourquoi connaissons-nous mieux les vertébrés que tous les autres animaux?

3. Pourquoi les insectes, les arachnides et les crustacés se trouvent-ils dans le même embranchement?

4. En quoi les insectes sont-ils différents des autres invertébrés?

5. Remplis la toile d'idées ci-dessous en ajoutant les caractéristiques de chaque classe de vertébrés. Sers-toi de tes connaissances, mais consulte aussi des ouvrages de référence, au besoin. Essaie de mettre au moins trois caractéristiques dans chaque case. Montre ta toile d'idées à une ou un autre élève. Êtes-vous d'accord avec les caractéristiques indiquées?

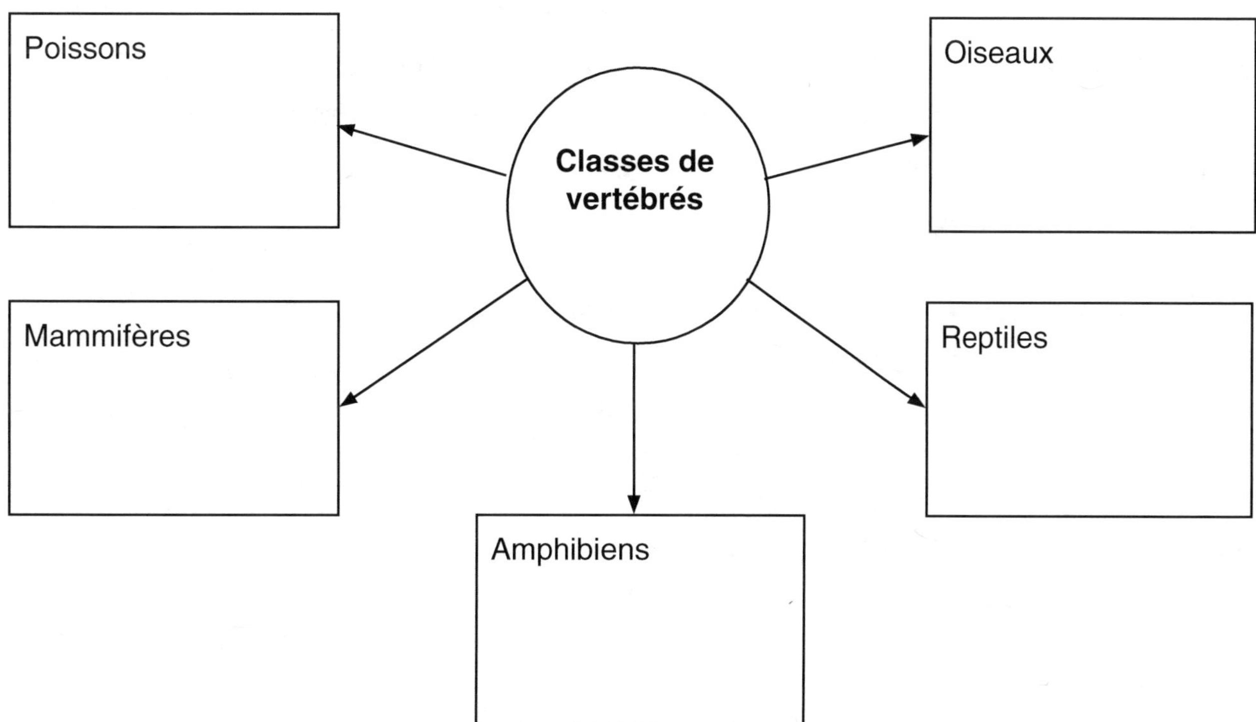

Les règnes négligés

On pense rarement aux organismes des règnes des monères, des protistes et des champignons.

Le règne des monères

- une seule cellule
- la structure cellulaire la plus simple
- se reproduisent en se divisant
- presque tous absorbent des éléments nutritifs de l'extérieur de leur corps

Les bactéries sont partout. Elles transforment le lait en yogourt et en fromage. Elles aident à décomposer les déchets. Elles peuvent nous garder en santé ou nous rendre malades. On s'en sert dans la préparation de beaucoup de médicaments qui soignent les maladies. Bien que nous ne puissions pas les voir, les bactéries sont très importantes dans nos vies.

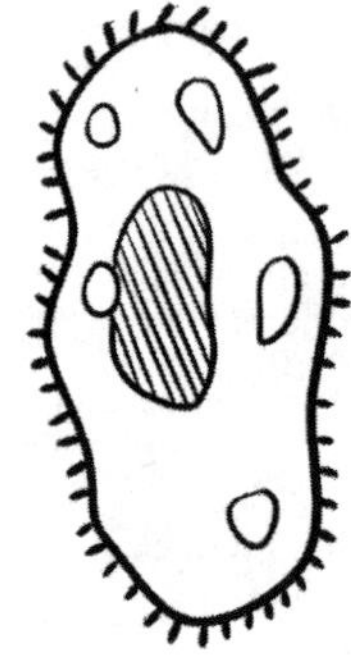

bactérie

Le règne des protistes

- ne répondent aux critères d'aucun autre règne
- ne sont ni des bactéries, ni des champignons, ni des plantes, ni des animaux
- se composent presque tous d'une seule cellule
- ont une structure cellulaire plus complexe que celle des monères
- vivent surtout dans l'eau, mais peuvent survivre dans des sols humides et dans le corps d'animaux
- se reproduisent pour la plupart en se divisant en deux

On classe les protistes selon la façon dont ils se déplacent et la façon dont ils se nourrissent. Certains protistes ressemblent à des animaux, d'autres à des plantes, et d'autres encore à des champignons. Les algues sont des protistes qui ressemblent à des plantes. Elles produisent leur propre nourriture. Les amibes sont des protistes semblables à des animaux. Elles se nourrissent d'autres organismes. L'eau potable qui contient certains types d'amibes peut rendre les gens malades.

algues

Les moisissures visqueuses sont des protistes ayant l'apparence de champignons. Elles absorbent les éléments nutritifs de leur environnement.

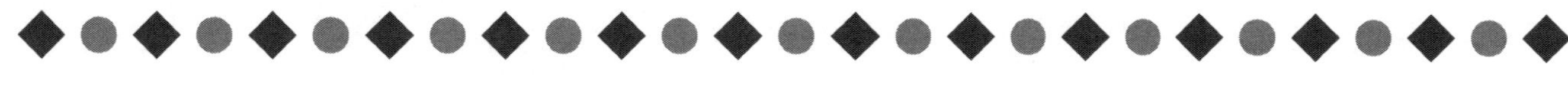

Le règne des champignons

champignon

- se composent de plusieurs cellules
- absorbent les éléments nutritifs de plantes et d'animaux morts
- sont des décomposeurs qui aident à transformer les organismes morts en éléments nutritifs qui enrichissent le sol

On se sert de champignons dans la préparation de nombreux médicaments. On mange certains types de champignons. La levure est un champignon qu'on utilise pour faire du pain. Certains champignons peuvent causer des infections telles que le pied d'athlète et la dermatomycose. D'autres peuvent endommager les récoltes.

Penses-y!

Résume ce que tu as appris au sujet des monères, des protistes et des champignons. Décide des catégories d'information que tu vas utiliser et sers-toi de ces catégories comme titres des colonnes. Par exemple, tu pourrais utiliser « Structure cellulaire » et « Façons de se nourrir » comme titres. Fais une recherche sur ces règnes pour trouver l'information dont tu as besoin.

Monères					
Protistes					
Champignons					

Les cellules : les composantes de tous les organismes

Savais-tu que les cellules sont les composantes de tous les organismes de la Terre? Tous les organismes vivants se composent de minuscules parties appelées « cellules ». Une cellule est la plus petite partie d'un organisme, mais elle contient tout ce dont elle a besoin pour accomplir les tâches qui maintiennent les organismes en vie. Les cellules absorbent des éléments nutritifs et les transforment en énergie. Elles débarrassent les organismes de leurs déchets, font un travail et se reproduisent. Les cellules sont essentielles!

Les organismes composés d'une seule cellule sont unicellulaires. Une amibe, par exemple, est un organisme unicellulaire minuscule. Elle atteint une certaine taille, mais ne peut pas être vue à l'œil nu. Les organismes composés de plus d'une cellule sont multicellulaires. Les êtres humains, par exemple, sont multicellulaires et peuvent atteindre différentes tailles. Ils se composent de trillions de cellules!

Parties des cellules

Les cellules peuvent être soit végétales, soit animales. Les deux types de cellules se ressemblent et comprennent presque toutes les mêmes parties. Toutes les cellules sont remplies d'une matière liquide ressemblant à de la gelée qu'on appelle « cytoplasme ». Ce liquide contient plusieurs substances chimiques qui assurent la survie d'une cellule. De plus, chaque cellule possède une membrane qui retient le cytoplasme. La membrane tient aussi ensemble les parties de la cellule. La plupart des cellules ont un noyau, qui est leur centre de contrôle. Le noyau dirige les actions d'une cellule et contient l'ADN. L'ADN est le support du matériel génétique qui permet aux cellules de se reproduire. Il leur permet aussi de transmettre leurs caractéristiques aux nouvelles cellules.

Comment peut-on voir les cellules?

Il faut un microscope pour voir clairement la plupart des cellules. Un microscope optique permet de voir les bactéries et leur structure, y compris leur noyau. Le meilleur microscope est le microscope électronique, avec lequel on peut voir des choses plus petites qu'une cellule.

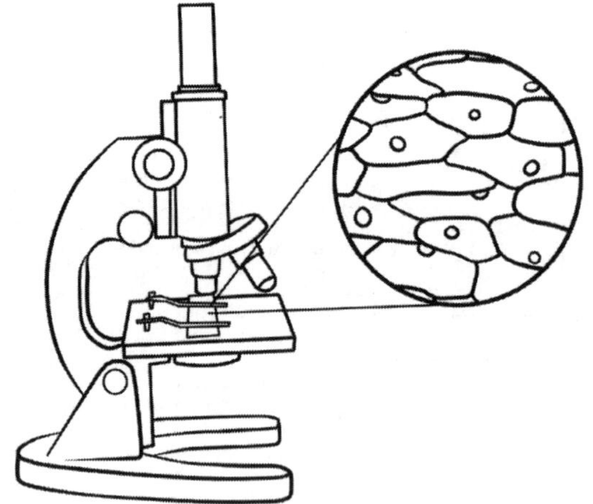

microscope optique

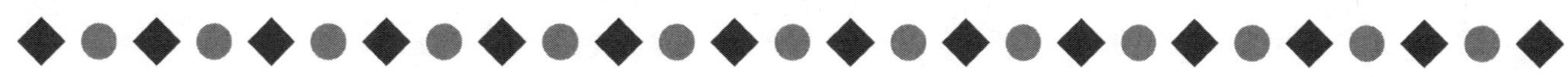

« Les cellules : les composantes de tous les organismes » - Penses-y!

1. Peut-on comparer une cellule au corps humain? Explique ta réponse.

____

____

____

____

____

____

____

____

2. Conçois une toile d'idées afin d'organiser l'information que tu as apprise au sujet des cellules.

La biodiversité

Les scientifiques estiment qu'il y a 1,7 million d'espèces d'animaux et de plantes dans le monde, une diversité impressionnante d'organismes vivants. La plupart des espèces vivent dans des régions particulières, ou habitats. Dans ces habitats, elles peuvent trouver ce dont elles ont besoin pour survivre.

Classification des habitats

Les scientifiques classent les habitats de la même façon qu'ils classent les organismes : selon leurs caractéristiques. Ils ne s'accordent pas sur un système unique de classification des habitats, mais tous les systèmes utilisés sont fondés sur des caractéristiques semblables des animaux, des plantes et du climat. Ils sont constitués, au départ, de grands groupes qui se subdivisent en groupes de plus en plus petits.

Le plus grand groupe d'habitats est constitué des biomes. Il y en a plusieurs types qui comprennent les déserts, les forêts, les prairies, la toundra et les océans. Chacun de ces types d'habitats se divise en plus petits groupes. Les forêts, par exemple, comprennent les forêts boréales, subarctiques, subtropicales et tempérées.

Les scientifiques étudient les organismes dans de plus petites régions afin de mieux les comprendre. Ils examinent les façons dont ils interagissent avec leur environnement et les uns avec les autres. L'environnement comprend les matières non vivantes telles que le sol, l'eau, l'air, la chaleur et la lumière. La communauté d'un habitat correspond à l'ensemble des organismes qui vivent dans une zone particulière. Cette zone peut être aussi grande qu'une forêt ou aussi petite qu'un étang.

Pourquoi la biodiversité est-elle importante?

Chaque espèce, quelle que soit sa taille, a un rôle à jouer. Une communauté saine comportant diverses espèces pourra maintenir la vie. Les espèces pourront mieux se remettre de désastres naturels et de changements climatiques.

Notre qualité de vie dépend de la biodiversité. Nous obtenons beaucoup de choses de notre environnement, dont des produits alimentaires, du bois d'œuvre, de l'eau potable, de l'air pur et des médicaments. Des communautés saines régularisent le climat et assurent la pollinisation de nos cultures. Elles nous fournissent aussi de magnifiques paysages et des espaces récréatifs. En étudiant et en maintenant la biodiversité, on peut maintenir notre planète en santé.

Réfléchis bien

Certains habitats sont en danger, c'est-à-dire que les espèces qui y vivent sont menacées ou en voie de disparition et qu'elles ont besoin d'être protégées. Les lois qui interdisent aux gens de tuer, d'emmener ou de déranger des espèces protègent les habitats en danger. Elles aident les espèces qui y sont présentes à survivre et à bien se développer.

Crée une affiche représentant un habitat en danger près de ta communauté. Donnes-y les raisons pour lesquelles l'habitat est en danger et explique les mesures prises pour le rétablir.

« La biodiversité » - Penses-y!

1. En quoi la classification des organismes ressemble-t-elle à celle des habitats?

____

____

____

2. Le plus grand groupe d'habitats est constitué des biomes. Il y en a plusieurs types, qui comprennent les déserts, les forêts, les prairies, la toundra et les océans. Choisis un biome et conçois une brochure en te servant du planificateur de la page 84. Ta brochure doit contenir l'information ci-après : là où on trouve ce type de biome dans le monde, son climat, les plantes et animaux qui y vivent, un exemple d'une de ses chaînes alimentaires, et des faits intéressants au sujet du biome.

3. Le Canada possède beaucoup de forêts. L'un des types de forêts qu'on y trouve est la forêt tempérée à feuilles caduques. La plupart des arbres dans ce type de forêt perdent leurs feuilles en hiver. Les forêts tempérées à feuilles caduques connaissent quatre saisons, dont un hiver froid et un été chaud. Elles reçoivent des précipitations toute l'année, et leur sol est fertile. Pense à ce que tu sais de ce type de forêt. Fais une recherche pour trouver d'autres renseignements. Sur une autre feuille de papier, fais un dessin avec étiquettes des plantes et des animaux qui y vivent. Ajoute des matières non vivantes à ton dessin.

4. En quoi ta communauté ressemble-t-elle à la communauté d'un habitat?

____

____

____

____

____

5. À ton avis, quel est l'avantage le plus important que retirent les êtres humains de la biodiversité? Pourquoi?

____

____

____

____

____

____

Interactions entre les espèces

Tous les organismes vivant dans une communauté ont des rôles spécifiques à jouer. Chaque espèce interagit avec une ou plusieurs des autres espèces. La plupart des interactions ont un lien avec la lutte pour les ressources, c'est-à-dire ce dont les organismes ont besoin pour survivre. Les ressources comprennent la nourriture, l'eau, la lumière solaire et l'abri.

exemple d'une pyramide alimentaire

Dans une communauté saine, les organismes sont équilibrés de façon que chacun puisse obtenir ce dont il a besoin. Une pyramide alimentaire est un exemple de cet équilibre. Il y a plus d'espèces et d'individus à la base. Il y en a de moins en moins quand on remonte la pyramide. Quand une communauté fonctionne comme elle le devrait, le nombre d'espèces qu'on trouve à tous les niveaux est équilibré.

La symbiose

Certains organismes ont une relation particulière avec d'autres organismes. La symbiose est une association durable entre au moins deux organismes. L'un des organismes au moins bénéficie de cette association. Il y a trois catégories de symbiose :

- **Le mutualisme** - Deux organismes retirent des bénéfices réciproques de l'association. C'est le cas de l'association entre le zèbre et un oiseau nommé pique-bœuf. Le pique-bœuf mange les tiques et autres parasites qui vivent sur la peau du zèbre. Le pique-bœuf obtient de la nourriture, et le zèbre se débarrasse d'insectes nuisibles.
- **Le commensalisme** - Cette association est profitable à l'un des organismes, mais n'a aucun effet sur l'autre. Un exemple en est le rémora. Ce poisson a un disque adhésif sur sa tête. Il l'utilise pour se fixer à un plus gros animal comme le requin. Quand le requin mange, des restes de nourriture s'échappent de sa bouche. Le rémora se nourrit de ces restes. La présence du rémora n'a aucun effet sur le requin.
- **Le parasitisme** - Cette association est profitable à l'un des organismes et nuit à l'autre. Un exemple en est la puce. La puce vit sur un organisme hôte, tel qu'un chien ou un chat. Elle mord la peau de l'hôte et suce son sang. La puce obtient de la nourriture et un abri chaud. Mais l'organisme hôte se fait mordre constamment, sa peau lui démange et il n'est pas très heureux.

« Interactions entre les espèces » - Penses-y!

1. Place ces organismes dans l'ordre dans lequel ils figureraient dans une pyramide alimentaire, de la base jusqu'au sommet : souris, maïs, faucon, serpent. Pourquoi seraient-ils dans cet ordre?

____

____

____

2. Lis les descriptions ci-dessous. Pour chacune, dis s'il s'agit d'un exemple de mutualisme, de commensalisme ou de parasitisme. Justifie chacune de tes réponses.

a) La bardane est une mauvaise herbe. Les parties de la bardane qui portent les graines sont des aigrettes formant de petits crochets. Les aigrettes s'accrochent aux vaches, aux chevreuils et même aux personnes qui les frôlent. Elles se détachent par elles-mêmes ou par frottement et sont ainsi dispersées ailleurs.

____

____

b) Il y a une bactérie qui vit dans les intestins des êtres humains. Cette bactérie mange la nourriture que les êtres humains ne peuvent pas digérer, et elle la digère partiellement. L'être humain finit ensuite de digérer la nourriture.

____

____

c) La tique s'accroche à un animal et se nourrit du sang de cet animal.

____

____

3. Les espèces envahissantes sont des organismes qui ne se trouvent pas naturellement dans une communauté. Elles sont habituellement emportées là par des gens, parfois dans un but particulier et parfois par accident. En 1998, des moules zébrées ont été introduites accidentellement dans le lac Sainte-Claire. Elles se sont vite répandues dans les Grands Lacs et dans beaucoup de lacs, rivières et canaux. Elles ont éliminé presque toute la population de palourdes dans l'écosystème. Quel effet une espèce envahissante peut-elle avoir sur la communauté d'un habitat? Pourquoi?

____

____

____

Les adaptations

Les organismes possèdent des caractéristiques qui les aident à survivre dans leur communauté. Il peut s'agir d'adaptations structurelles ou comportementales. Les individus dont les caractéristiques sont efficaces ont de meilleures chances de survie. Ils transmettent ces caractéristiques à leurs petits. Les adaptations mènent à la biodiversité après plusieurs générations.

Un changement de couleur est un type d'adaptation.

Adaptations structurelles

Les caractéristiques physiques peuvent aider un organisme à survivre. Les becs et pattes des oiseaux en sont de bons exemples :

- un court bec crochu et puissant pour manger des animaux;
- un bec effilé pour creuser la boue à la recherche de nourriture;
- des pattes palmées pour nager;
- une longue griffe arrière pour s'agripper aux branches.

Les adaptations structurelles peuvent aussi être à l'intérieur du corps d'un animal. C'est le cas chez le pingouin. Son cœur bat de 60 à 100 fois la minute quand le pingouin est hors de l'eau. Mais quand le pingouin plonge dans l'eau, le battement passe à 20 fois la minute. Le pingouin utilise ainsi moins d'oxygène.

Un délicieux poisson nage dans l'ombre produite par les ailes de l'aigrette neigeuse. Belle prise!

Adaptations comportementales

Le comportement est la manière dont les organismes agissent. Leur comportement peut les aider à trouver de la nourriture ou à survivre dans un climat rigoureux. L'hibernation et la migration sont deux adaptations comportementales. La chasse en est une autre.

Réfléchis bien

Explique par écrit pourquoi les adaptations sont importantes pour la survie d'un animal. Sers-toi de tes propres idées et de l'information tirée du texte.

« Les adaptations » - Penses-y!

1. Choisis deux organismes sauvages, une plante et un animal. Ces organismes doivent vivre dans l'habitat où vit ta communauté ou dans un autre habitat que tu connais bien. Décris, pour chaque organisme, une adaptation qui l'aide à survivre.

____

____

2. Lis les descriptions ci-dessous. Pour chacune d'elles, explique comment l'adaptation aide l'organisme à survivre.

a) L'alligator américain creuse un abri dans la boue quand il fait très chaud.

____

____

b) Un castor peut fermer la bouche derrière ses dents avant.

____

____

c) Les yeux de l'hippopotame se trouvent sur le dessus de sa tête.

____

____

3. Beaucoup d'organismes vivent dans des habitats où il est difficile de survivre, comme dans un désert, dans l'Arctique ou au fond de l'océan. Imagine un organisme qui pourrait survivre dans un de ces habitats. Choisis un habitat, puis fais ci-dessous un dessin avec étiquettes de ton organisme. Assure-toi d'ajouter des adaptations qui lui permettraient de survivre dans l'habitat. Sur une autre feuille, rédige un court paragraphe pour expliquer l'utilité des adaptations.

La biodiversité profite aux êtres humains

Nous obtenons beaucoup de choses d'autres organismes. Nous obtenons du bois pour construire nos maisons et nous obtenons de la nourriture comme le maïs. Les nombreux types d'organismes vivant autour de nous nous fournissent de multiples ressources.

Des médicaments

Les êtres humains ont utilisé des plantes comme remèdes tout au long de leur histoire. Dans l'Inde ancienne, le gingembre était utilisé de plusieurs façons, notamment pour guérir les plaies et les maux d'estomac. Les Gitxsan de la Colombie-Britannique guérissaient des plaies au moyen de l'intérieur de l'écorce d'une plante appelée « bois piquant ».

Les plantes constituent l'un des ingrédients de base de beaucoup de nos médicaments aujourd'hui. L'écorce du saule aide à alléger la douleur. Un antibiotique vient de moisissures. L'if de l'Ouest est la source d'un médicament contre le cancer.

Des vêtements

On fabrique certains tissus à partir de plantes, comme le lin et le coton. Les animaux nous fournissent aussi de quoi fabriquer des vêtements. Les vers à soie nous donnent la soie, les moutons nous donnent la laine, et les vaches nous donnent le cuir.

Qu'arrive-t-il s'il y a moins de diversité?

Une diversité moindre pourrait avoir de graves conséquences. S'il n'y avait qu'un type de maïs, par exemple, le mauvais temps pourrait faire en sorte qu'il n'y ait pas de maïs au cours d'une année donnée. Une seule maladie ou un seul insecte nuisible pourrait détruire toute une récolte. Cependant, comme il y a plusieurs types de maïs, certains types vont survivre.

Certaines espèces de fleurs vont survivre aux dommages causés à leurs feuilles par des insectes nuisibles.

Réfléchis bien

Crée un collage montrant comment les êtres humains profitent de la biodiversité. Découpe des images et des mots, puis colle-les sur une autre feuille.

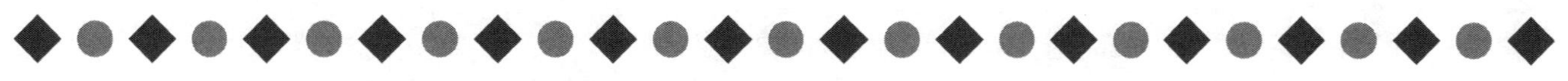

« La biodiversité profite aux êtres humains » - Penses-y!

1. Sur une autre feuille, dresse une liste de produits que ta famille utilise et qui viennent d'autres organismes. Classifie tes produits dans un organisateur graphique que tu peux concevoir ci-dessous. Montre ton organisateur graphique à une ou un camarade.

2. Un type de tournesol pousse très bien dans un champ. Pourquoi l'agricultrice voudrait-elle ne planter que ce tournesol dans son champ?

____

____

____

____

3. Un type d'herbe ne pousse pas bien dans un sol sec. Un autre type ne pousse pas bien dans un sol humide. Pourquoi les deux types d'herbe ensemble pourraient-ils former une belle pelouse?

____

____

____

____

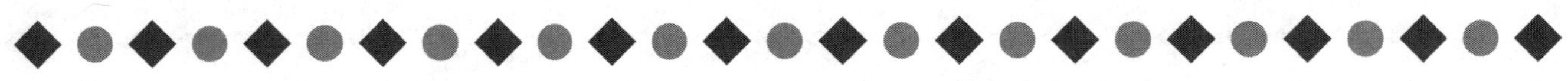

Qu'en penses-tu?

Réfléchis à la biodiversité dans ta ville ou ta communauté. Quelles mesures pourrait-on prendre pour y améliorer la biodiversité? Tu pourrais planter un arbre dans ta cour. Ou la ville pourrait transformer un espace vide en un jardin communautaire. Échange des idées avec une ou un autre élève. Sers-toi de vos idées pour répondre aux questions ci-dessous.

Penses-y!

1. Qu'est-ce que ma famille pourrait faire? ______________________________

____

____

____

____

2. Qu'est-ce que mon école pourrait faire? ______________________________

____

____

____

____

3. Qu'est-ce que des groupes de gens pourraient faire? ______________________________

____

____

____

____

4. Qu'est-ce que le gouvernement local pourrait faire? ______________________________

____

____

____

____

Mots croisés - La biodiversité

Remplis la grille ci-dessous au moyen de mots que tu as appris. Ensuite, compose, sur une autre feuille, une phrase avec chacun des mots afin d'en montrer le sens.

Horizontalement

2. adaptation qui n'est pas structurelle

5. matière non vivante tout autour de toi

7. catégorie d'animaux sans colonne vertébrale

10. existe quand diverses espèces de plantes et d'animaux vivent ensemble

Verticalement

1. catégorie d'animaux avec colonne vertébrale

3. tout être vivant en est un

4. caractéristique des organismes qui les aide à survivre

6. la plus petite partie d'un organisme

8. tout ce qui se déplace, se reproduit et se développe l'est

9. première classification du système utilisé pour diviser les organismes en catégories

Tout sur l'air

L'air est tout autour de toi. Tu ne peux pas vivre sans air. L'air permet aussi de voler. Les avions, les fusées, les oiseaux et les abeilles, en fait tout ce qui vole utilise l'air.

Quelques propriétés de l'air

À moins qu'il ne soit très pollué, l'air est invisible et n'a ni goût ni odeur. Si tu crois que tu ne peux pas sentir physiquement qu'il y a de l'air autour de toi, prends une grande inspiration. Tu pourras sentir l'air qui pénètre dans tes poumons.

L'air a une masse. Un ballon est plus lourd après que tu l'as gonflé d'air. Tu peux sentir la pression qu'exerce l'air sur toute surface. Près du sol, l'air exerce une plus grande force sur toi, et la Terre exerce une plus grande force gravitationnelle. Plus tu montes, plus la pression de l'air est réduite. L'air s'étend et se raréfie de plus en plus.

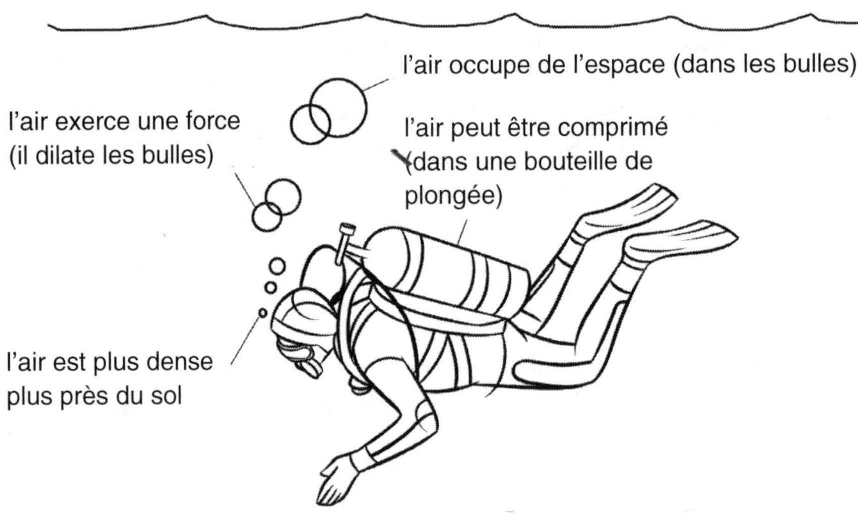
l'air occupe de l'espace (dans les bulles)
l'air exerce une force (il dilate les bulles)
l'air peut être comprimé (dans une bouteille de plongée)
l'air est plus dense plus près du sol

Lorsqu'il est question du vol, la pression est la plus importante propriété de l'air. L'air pousse sur toutes les surfaces. Essaie ceci : tiens deux feuilles de papier devant toi, à environ 8 cm l'une de l'autre. Maintenant, souffle entre les deux. T'attendais-tu à voir les feuilles se séparer? Elles se rapprochent plutôt l'une de l'autre parce qu'il y a déséquilibre des forces qu'exerce l'air sur chaque côté des feuilles. L'air se déplace rapidement entre les deux feuilles et exerce moins de pression que l'air de l'autre côté des feuilles.

L'*aérodynamique* étudie les mouvements de l'air et les effets qu'ils ont sur les objets. Les personnes qui conçoivent des machines volantes doivent tout savoir de l'aérodynamique afin de pouvoir construire des machines qui volent de manière efficace et sécuritaire.

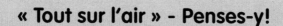

« Tout sur l'air » - Penses-y!

1. Sur une autre feuille, écris tout ce que tu sais de l'air. Par exemple, l'air peut-il se déplacer? Peut-il déplacer des objets? A-t-il une température? Peut-il monter ou descendre? Peut-il retenir l'humidité? Écris aussi comment tu sais tout cela.
2. Les images ci-dessous représentent une expérience. La bouteille ne contient que de l'air. L'image B montre ce qui arrive après que la bouteille a été placée dans de l'eau chaude.

L'air réchauffé se dilate

a) Quel effet l'eau chaude a-t-elle sur la température de l'air dans la bouteille?

____

____

b) Quand la bouteille est placée dans l'eau chaude, le ballon se gonfle. Deux choses sont arrivées à l'air dans la bouteille. Lesquelles? Comment le sais-tu?

____

____

c) Selon cette expérience, quelle propriété de l'air pourrait être ajoutée au texte intitulé « Tout sur l'air »?

____

____

d) Si la bouteille de l'image B était replacée dans l'eau froide, qu'arriverait-il au ballon? Explique ta réponse.

____

____

En plein vol

Découvre les quatre forces du vol : la portance, le poids, la traînée et la poussée.

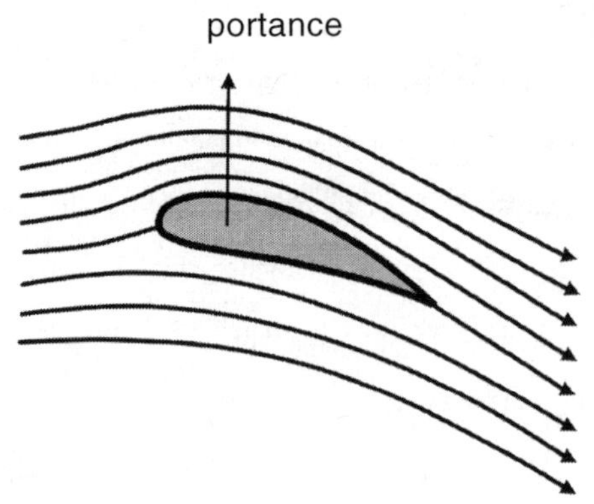

La portance

La *portance* aide l'avion à surmonter son poids. Elle permet à l'avion de monter dans les airs et d'y rester. Plusieurs parties de l'avion créent ensemble la portance, surtout les ailes.

Regarde une aile de l'oiseau quand il vole. Tu verras qu'elle est légèrement recourbée, de façon que le dessus soit plus long que le dessous. La portance est créée de la même façon pour un avion.

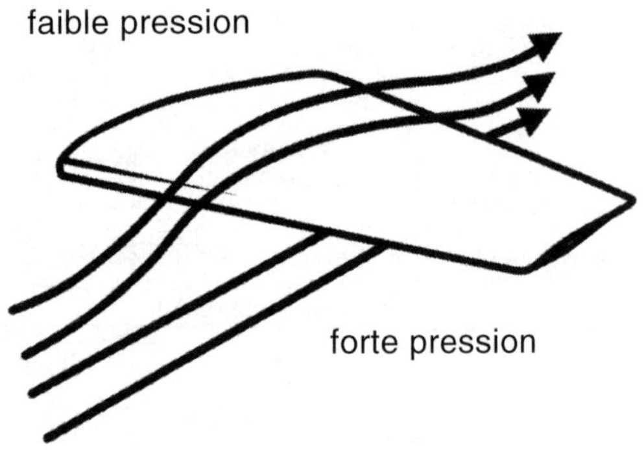

L'air qui se déplace sur l'aile recourbée va plus loin que l'air qui se déplace dessous. L'air se déplace aussi plus vite. Or, l'air qui se déplace plus vite exerce moins de pression. L'air dessous l'aile exerce donc une plus grande force vers le haut que celle qu'exerce vers le bas l'air sur le dessus. Cela fait monter l'avion.

La traînée

Quand un avion se déplace dans les airs, il doit surmonter la traînée. La *traînée* est une force semblable à la friction. Elle ralentit les objets qui se déplacent dans les airs. Chaque partie d'un avion produit une traînée, même les moteurs.

Plus un avion est aérodynamique, moins il crée de traînée. Moins il crée de traînée, plus il vole vite et facilement.

Surmonter la force gravitationnelle (le poids)

La force gravitationnelle de la Terre rend le vol difficile. Tu mesures la force gravitationnelle (ton poids) chaque fois que tu montes sur un pèse-personne. La force gravitationnelle est ce qui retient un avion au sol. L'avion doit donc surmonter son *poids* pour pouvoir voler.

La poussée

La *poussée* est la force qui fait avancer un avion dans les airs. La poussée doit être plus grande que le poids et que la traînée pour que l'avion avance.

Les oiseaux créent une poussée en battant des ailes. Dans le cas de l'avion, ce sont les moteurs qui créent la poussée. La poussée permet la portance.

« En plein vol » - Penses-y!

1. Pense aux relations entre les quatre forces du vol. Puis sers-toi des mots ci-dessous pour compléter les phrases.

traînée	**plus**	**atterrisse**	**décolle**
petite	**poussée**	**portance**	**poids**

a) La ________________________ doit être plus grande que le poids d'un avion pour

que celui-ci ________________________ .

b) La poussée doit être ________________________ grande que la ________________________ pour que l'avion décolle.

c) La portance doit être plus petite que le ________________________ de l'avion

pour que celui-ci ________________________ .

d) La ________________________ doit être plus ________________________ que la traînée pour que l'avion atterrisse.

2. Identifie la force dont il est question dans chaque exemple : la traînée, la portance, le poids ou la poussée.

a) Un oiseau déploie ses ailes pour décoller : ________________________

b) Ton pieds s'enfonce dans la boue : ________________________

c) Tu pousses avec ton pied pour faire avancer ta planche à roulettes plus vite : ________________________

d) Un parachute s'ouvre pour ralentir la descente de quelqu'un : ________________________

Une brève histoire du vol

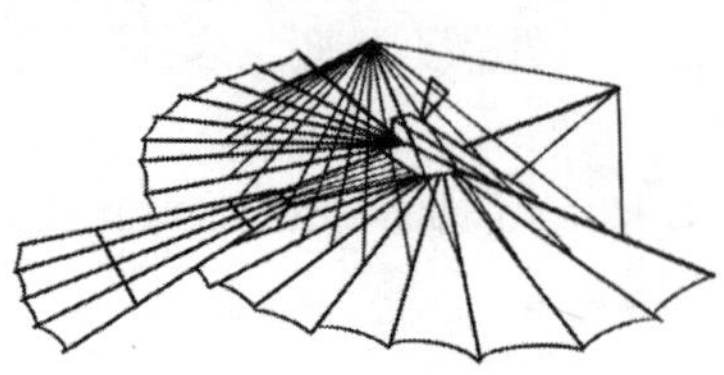

En 1500, l'inventeur et peintre Léonard de Vinci a dessiné des machines qui ressemblaient à des avions. Il n'en a jamais construit, mais ses dessins ont été une source d'inspiration pour d'autres inventeurs.

Les montgolfières

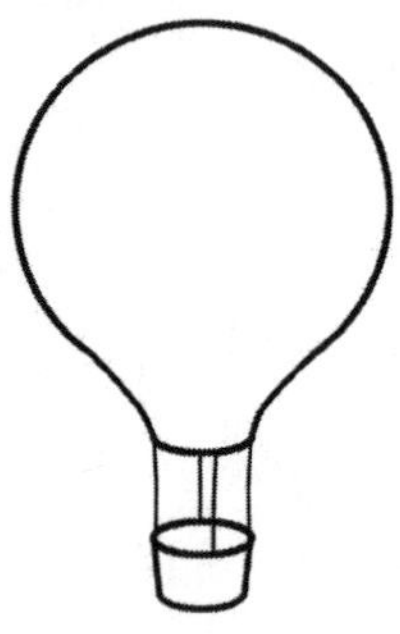

En Chine, on se servait déjà de montgolfières comme signaux militaires vers l'an 250. En 1783, les frères Joseph et Étienne de Montgolfier ont eu l'idée de faire monter des personnes dans une nacelle soulevée par un ballon. Personne ne savait s'il y avait de l'air loin au-dessus de la surface de la Terre. Et s'il y avait de l'air, pouvait-on le respirer? Les spectateurs ont été étonnés de voir que le ballon des deux frères fonctionnait.

Le principe de Bernouilli

La montgolfière constituait un pas en avant dans les voyages aériens, mais le ballon ne pouvait avancer que s'il y avait du vent. Les inventeurs voulaient une machine qu'ils pourraient contrôler. Les plus sérieux connaissaient le travail de Daniel Bernouilli. En 1738, Bernouilli s'était rendu compte que la façon dont l'air circulait autour d'une aile la poussait ou la faisait monter.

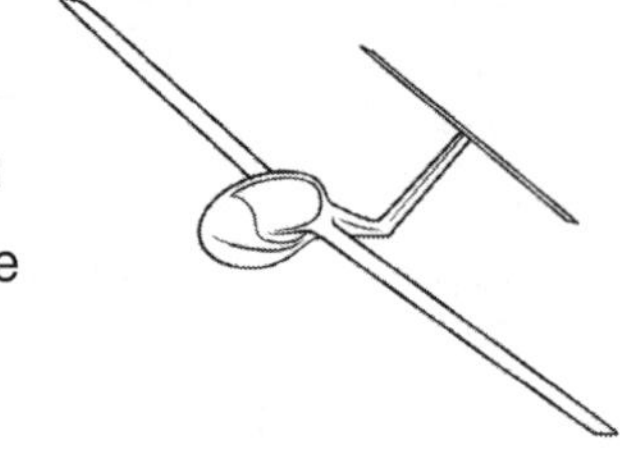

En se fondant sur ce principe, l'expérimentateur britannique Sir George Cayley a conçu plusieurs planeurs. Un planeur a besoin du vent pour se déplacer et rester en l'air. Il n'a pas de moteur, mais on peut le diriger. En 1849, Cayley a fait voler sur une courte distance un planeur qui transportait un garçon de 10 ans. C'était la première fois qu'une telle expérience était tentée.

Un ingénieur allemand, Otto Lilienthal, s'est inspiré des travaux de Cayley. En 1896, il avait déjà fait 2000 vols en planeur. Lilienthal a plus tard doté son planeur d'un moteur, mais le planeur s'est écrasé, tuant Lilienthal.

Orville et Wilbur Wright

Cette tragédie a effrayé plusieurs constructeurs d'aéronefs, mais pas les inventeurs américains Orville et Wilbur Wright. Ils voulaient absolument faire voler leurs planeurs au moyen d'un moteur. En 1903, ils ont effectué le premier vol motorisé et dirigé de l'histoire.

Pendant la Deuxième Guerre mondiale, on avait besoin de bombardiers, des avions plus puissants. Au début des années 1940, on a donc conçu des avions propulsés par réaction. Aujourd'hui, on se sert de ce type d'avion pour transporter des gens et des marchandises partout dans le monde.

« Une brève histoire du vol » - Penses-y!

1. Remplis la ligne du temps ci-dessous pour résumer l'information donnée dans « Une brève histoire du vol ». (Indique les réalisations sous forme de liste à puces.)

Quand	Qui	Réalisations

2. À ton avis, comment seront les vols dans 50 ans? Dresse une liste de tes prédictions sur une autre feuille.

Voler dans le ciel

Une voiture qui roule à toute vitesse sur une route peut aller vers la gauche ou la droite et elle peut monter ou descendre une pente. Un avion peut aussi tourner d'un côté et de l'autre, et monter et descendre. Les pilotes se servent de volets à charnières pour changer la forme de l'avion dans les airs. Cela modifie l'aérodynamique et fait voler l'avion de différentes façons.

Le pilote peut faire monter ou descendre le nez de l'avion en changeant la position des gouvernes sur les stabilisateurs de la queue de l'avion.

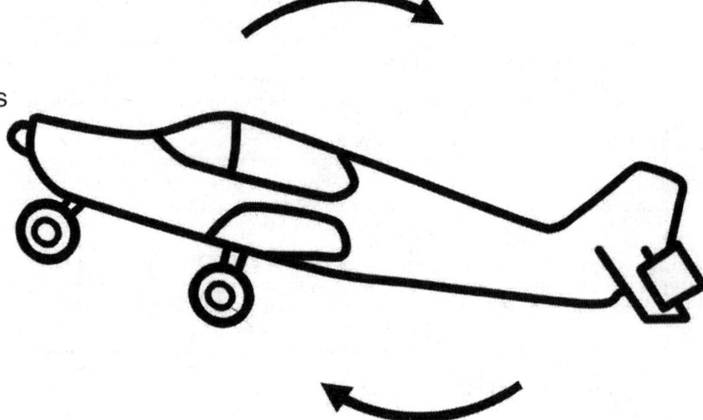

Des ailerons sur les ailes inclinent l'avion vers la droite ou la gauche.

La gouverne sur l'empennage fait tourner l'avion vers la gauche ou la droite.

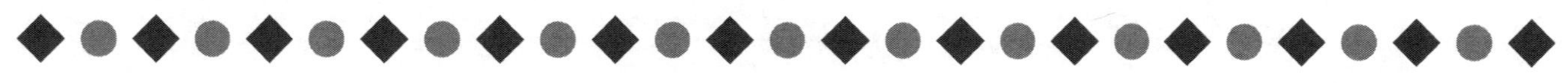

« Voler dans le ciel » - Penses-y!

1. Comment le fait d'incliner un volet modifie-t-il la traînée exercée sur une aile?

2. Pour que l'avion aille plus vite, les volets doivent-ils être à plat ou inclinés? Explique ta réponse.

3. Quand un avion s'incline d'un côté, le vent pousse une aile vers le haut, et l'autre aile vers le bas. Comment la ou le pilote produit-il ces forces?

4. Comment un oiseau pourrait-il modifier le degré d'inclinaison de ses ailes pour ralentir?

5. Quelle force un moteur crée-t-il?

Expérience : Construction d'un aéronef

Tu as besoin

de fournitures telles que :

- des sacs de papier ou de plastique
- des cure-pipes, des pailles, des bâtonnets de bois
- de la colle, du ruban adhésif, des trombones
- un ruban à mesurer, un compte-minutes

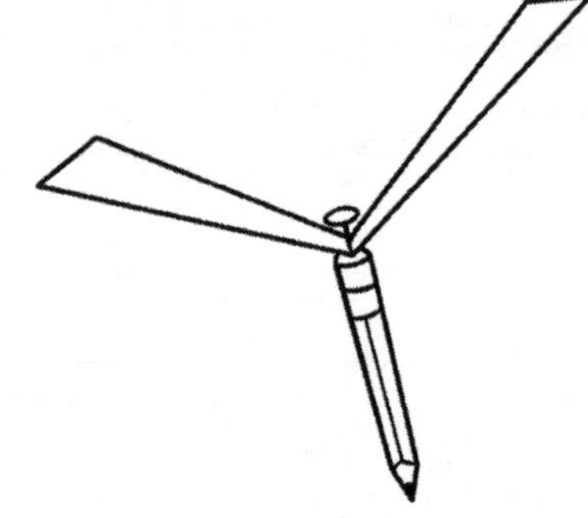

Marche à suivre

1. Choisis le type d'aéronef que tu veux construire. Tu pourrais construire, par exemple, un avion, une machine à hélice ou un planeur.
2. Fais une esquisse de ton aéronef, puis dresse une liste des fournitures dont tu auras besoin.
3. Décide de la façon dont tu feras l'essai de ton aéronef. Veux-tu savoir si tu peux le diriger, combien de temps il reste en l'air, la distance qu'il franchit, ou les trois?
4. Construis ton aéronef et fais des essais en vol.
5. Note tes résultats.

Essai	Durée du vol	Distance franchie	Facilité à diriger
1			
2			
3			

Penses-y!

1. Ton aéronef s'est-il déplacé de la façon dont tu l'avais prévu? Explique ta réponse.

2. Comment modifierais-tu ton aéronef afin qu'il vole mieux? Pourquoi?

Des avions motorisés

Les avions amphibies

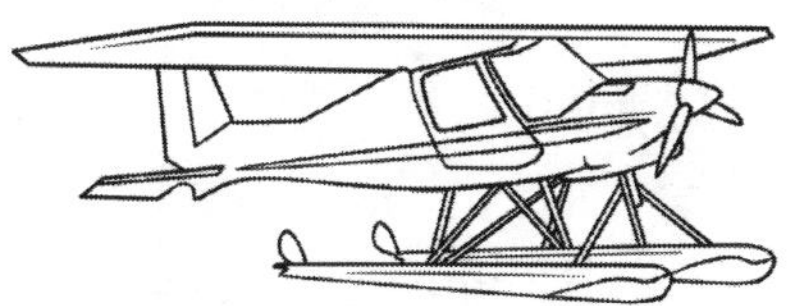

Les avions qui peuvent se poser sur la terre ou sur l'eau et qui peuvent décoller de la terre ou de l'eau sont amphibies. Certains ont des skis qui leur permettent de se poser aussi sur la neige ou la glace. Les avions amphibies sont très utiles dans les régions éloignées où ils peuvent se poser sur les pistes, les lacs ou les rivières.

Les hélicoptères

Dans un hélicoptère, la portance et la poussée s'exercent grâce à un rotor (les hélices). Ce rotor permet à l'hélicoptère de décoller et de se poser à la verticale. Il lui permet aussi de planer et de voler vers l'avant, vers l'arrière et de côté. On utilise souvent des hélicoptères dans des endroits où il n'y a pas assez de place pour construire une piste d'atterrissage pour les avions.

Les avions furtifs

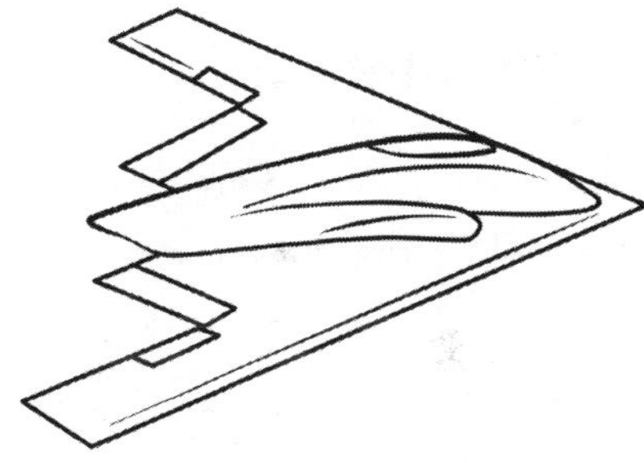

Les avions furtifs sont des avions militaires. Ils font appel à des technologies de pointe pour échapper aux radars. Certaines de leurs caractéristiques les rendent difficiles à voir, à entendre et à détecter, même avec du matériel de haute technologie. On peut toutefois les repérer quand ils utilisent leurs armes. Les avions furtifs peuvent avoir des pilotes ou être commandés à distance.

Penses-y!

On cherche un randonneur qui s'est perdu dans une région sauvage. Donne trois raisons pour lesquelles un hélicoptère serait préférable à un avion pour effectuer les recherches.

___

___

___

___

___

Aéronefs sans moteur

Certains aéronefs peuvent voler sans moteur.

Les montgolfières

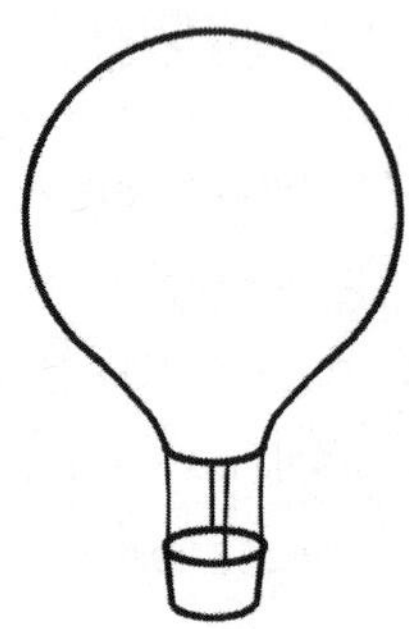

Pour te promener en montgolfière, tu dois monter dans la nacelle suspendue à un énorme ballon. C'est là que se trouve la source de chaleur qui réchauffe l'air dans le ballon. L'air chaud fait monter le ballon. On vole en montgolfière pour le plaisir, mais on se sert aussi de ballons pour emporter dans le ciel des capteurs météorologiques.

Les cerfs-volants

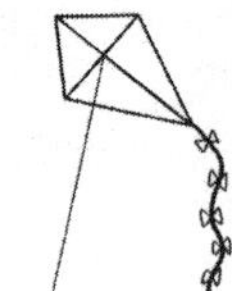

Les cerfs-volants sont parmi les plus anciens objets volants. On les a utilisés comme signaux, pour prendre des photos du haut des airs et pour emporter en l'air des instruments scientifiques. Aujourd'hui, on les utilise surtout par plaisir. Tu en as peut-être déjà fait voler un dans un parc près de chez toi. Certaines personnes se servent de grands cerfs-volants pour se déplacer sur l'eau ou la neige.

Les planeurs

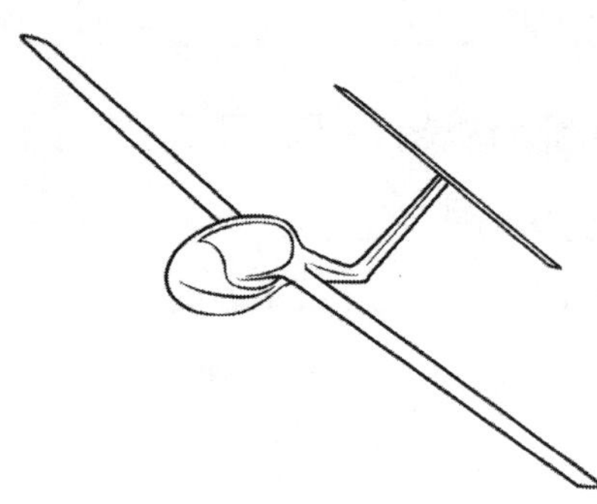

Comme ils n'ont pas de moteur, les planeurs dépendent du vent et des courants d'air pour rester dans le ciel. Beaucoup de planeurs ne peuvent décoller qu'avec l'aide d'un avion. Ils peuvent cependant se poser seuls sur le sol. On se sert surtout des planeurs dans des sports comme le vol à voile et le deltaplane. On les utilise aussi pour les recherches sur le vol. Les avions de papier qu'on fabrique sont en fait des planeurs.

Penses-y!

1. Les montgolfières utilisent très peu de combustibles comparativement aux autres aéronefs. Donne deux inconvénients des montgolfières.

____

____

2. En quoi un cerf-volant ressemble-t-il à un deltaplane?

____

____

Les voyages spatiaux

En 1957, des ingénieurs russes ont lancé le premier satellite artificiel dans l'espace. Un satellite est un objet en orbite autour d'une planète ou du Soleil. Cet événement presque incroyable à cette époque s'est produit à peine 54 ans après le premier vol des frères Wright.

L'un des obstacles les plus difficiles à surmonter pour les voyages dans l'espace est la force gravitationnelle de la Terre. Pour y arriver, il faut la force de propulsion de fusées, dont les moteurs produisent une poussée considérable. Les moteurs propulsent les fusées dans les airs en éjectant à grande vitesse un gaz obtenu par combustion.

Les voyages au-delà de la Lune seront très difficiles. Comment les astronautes pourraient-ils avoir suffisamment d'oxygène, d'eau ou de nourriture pour survivre au long voyage aller et retour? Il y a très peu de gravité dans l'espace. Il est difficile pour le corps humain de rester en santé dans des conditions d'apesanteur.

Les radiations constituent un autre obstacle aux voyages dans l'espace. Le Soleil émet diverses formes de radiations, y compris des rayons X. Ces radiations traversent les parois des engins spatiaux et les corps des astronautes. Sur Terre, l'atmosphère nous protège de ces radiations, mais il n'y a aucune protection dans l'espace.

navette spatiale

Réfléchis bien

On t'a demandé de préparer une publicité pour la radio afin de souligner l'importance des voyages spatiaux d'exploration. Rédige une ébauche de ta publicité sur une autre feuille. Vérifie-la ensuite au moyen de la liste ci-dessous. Quand tu as fini ta vérification, présente ta publicité à ta classe.

- ❑ Ma publicité dure de 15 à 30 secondes.
- ❑ Ma publicité présente un message clair au sujet des avantages des voyages spatiaux.
- ❑ Ma publicité a été conçue pour attirer l'attention de mon public cible (enfants ou adultes).
- ❑ J'ai lu plusieurs fois ma publicité avec l'intonation appropriée afin de m'exercer.

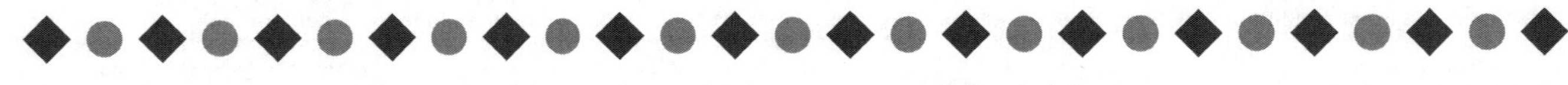

« Les voyages spatiaux » - Penses-y!

1. Donne la source de chaque force au cours du lancement d'une fusée.

   a) la poussée : ______________________________

   b) la portance : ______________________________

   c) la traînée : ______________________________

   d) le poids : ______________________________

2. Quels sont certains des problèmes que les gens devront surmonter pour faire des voyages spatiaux de longue durée?

   ____
   ____
   ____
   ____

3. Les satellites prennent des photos à partir de l'espace et transmettent des signaux radioélectriques et téléphoniques. Quels inconvénients les satellites présentent-ils?

   ____
   ____
   ____
   ____
   ____
   ____
   ____
   ____
   ____
   ____
   ____

satellite de télécommunications

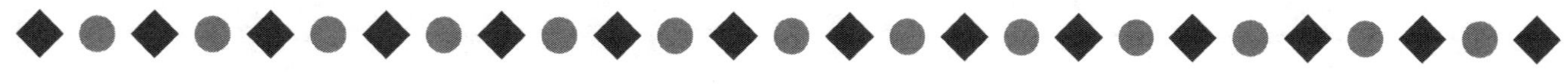

Les animaux qui volent

Tu as appris beaucoup de choses sur les machines qui volent. Beaucoup d'animaux peuvent aussi voler. Certains ont des ailes. Certains ont des plumes. D'autres déploient une membrane qui prend la forme d'ailes.

Les insectes

Les insectes sont des as du vol parce qu'ils peuvent faire pivoter leurs ailes. Cela leur permet de planer dans les airs ou même de voler à reculons. Les araignées se déplacent dans les airs au moyen de longs fils soyeux qui sont emportés par le vent.

Les chauves-souris

chauve-souris

Si tu examines une des ailes d'une chauve-souris, tu verras des doigts effilés, reliés par une membrane mince. La chauve-souris bat des ailes pour voler.

Les oiseaux

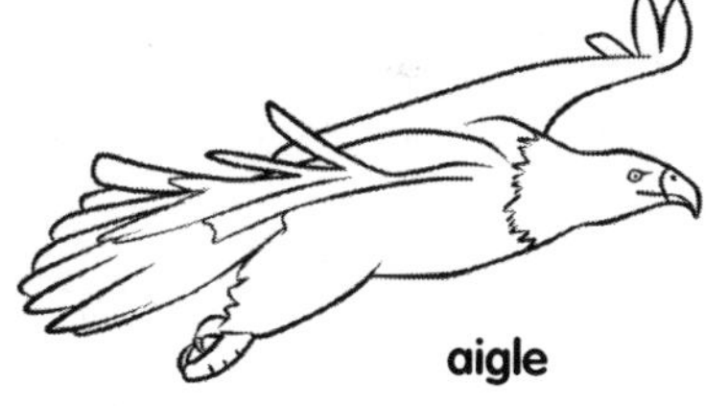
aigle

Les oiseaux battent des ailes pour se propulser dans les airs. Ils peuvent modifier la forme et l'angle de leurs ailes pour décoller, se diriger et se poser. Certains oiseaux sont d'excellents planeurs et battent à peine des ailes.

Penses-y!

1. Les os des animaux qui volent sont très légers. Un animal qui ne vole pas, mais qui a la même taille qu'un animal qui vole, est beaucoup plus lourd. En quoi des os légers aident-ils un animal qui vole?

____

____

____

____

2. Donne une raison pour laquelle chacun de ces animaux peut voler :

Les insectes : ____

Les chauves-souris : ____

Les oiseaux : ____

Animaux volants à fourrure et à nageoires

Les écureuils

écureuil volant

Les écureuils volants, qu'on appelle aussi « polatouches », ne peuvent pas vraiment voler, mais ils sont d'excellents planeurs. Ils peuvent planer sur une distance plus longue que la longueur de trois patinoires de hockey! L'écureuil volant déploie d'abord une membrane poilue qui s'étend de chaque poignet à chaque cheville. Puis il plane, le corps étendu. Sa queue touffue lui sert de parachute.

Les reptiles

lézard volant

Lorsque le lézard volant déploie ses ailes, on peut facilement voir les côtes qui les soutiennent. Les côtes et la membrane s'étendent pour former un demi-cercle de chaque côté du corps du lézard. Les ailes se replient le long des flancs du lézard quand celui-ci ne les utilise pas.

Les poissons

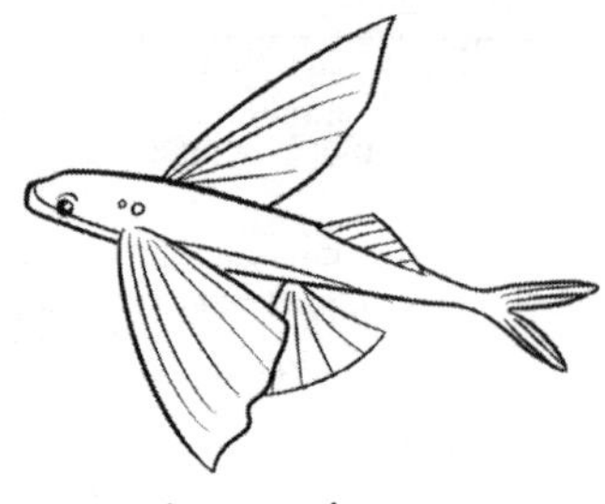
poisson volant

Le poisson volant, qu'on appelle aussi « exocet », franchit de longues distances en effectuant une série de vols planés dans les airs. À la fin de chaque vol plané, le poisson volant trempe sa queue dans l'eau, ce qui produit une nouvelle poussée. L'encornet volant, un autre poisson, se propulse hors de l'eau en éjectant de l'eau de son corps. Ces deux poissons font habituellement des vols planés quand ils tentent d'échapper à des prédateurs.

Autres « aviateurs »

Il n'y a pas que les animaux qui se servent d'ailes et de courants d'air pour se déplacer. Les graines des pissenlits se servent de leur parachute duveteux pour flotter en l'air. Les graines des érables, enfermées dans de petites ailes, virevoltent dans les airs comme les hélices d'un hélicoptère et tombent lentement vers le sol. Cela leur permet de s'éloigner des arbres qui les ont produites.

Penses-y!

Imagine un jouet qui volerait comme un animal. Quelles caractéristiques devrait-il avoir? Nommes-en deux.

____

____

Les voyages aériens

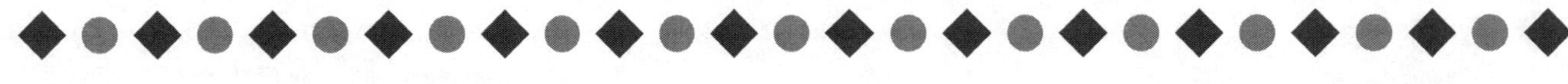

« Les voyages aériens » - Penses-y!

1. Regarde l'image à la page précédente. Note, dans le tableau, les avantages et les inconvénients des voyages aériens (sous forme de listes à puces). Ajoute tes idées sur ce sujet.

Avantages	Inconvénients

2. À ton avis, que pensent ces groupes des voyages aériens? Pourquoi?

a) Les personnes qui travaillent dans l'industrie de l'aviation ou dans les aéroports : ____________________

____

____

b) Les personnes qui vivent près d'un aéroport : ______________________________________

____

____

c) Les personnes qui doivent voyager pour aller voir des médecins : ____________________

____

____

Interrogation sur le vol

Vois à combien de questions tu pourras répondre avant de devoir consulter les textes de ce module ou d'autres ressources.

1. Quelles sont les quatre forces du vol?

____

____

____

____

2. Quelle propriété de l'air démontre-t-on en gonflant un ballon?

____

3. On peut forcer dans un plus petit récipient tout l'air qui se trouve dans un grand récipient. Quelle propriété de l'air démontre-t-on de cette façon?

____

4. Un ballon gonflé est un peu plus lourd que lorsqu'il est dégonflé. Quelle propriété de l'air cela démontre-t-il?

____

Interrogation sur le vol (suite)

5. a) L'air se déplace autour d'une aile recourbée. Pourquoi l'air qui se déplace sous l'aile exerce-t-il une plus grande force que l'air se déplaçant au-dessus?

b) L'air pousse les ailes vers le haut. La force exercée sur le dessus de l'aile n'est pas aussi grande que celle exercée sur le dessous. De quelle force s'agit-il?

6. Quel effet la traînée a-t-elle sur des objets qui se déplacent dans les airs?

7. Qu'est-ce qui produit la poussée qui aide une fusée à décoller?

8. La traînée est une force qu'on doit surmonter pour voler. Quelle est l'utilité de la traînée quand il s'agit de contrôler un vol?

Utilisations de l'électricité

L'électricité est une forme d'énergie que nous utilisons tous les jours de nombreuses façons. Tu utilises probablement l'énergie électrique plus souvent que tu ne le penses. Regarde les images ci-dessous. Encercle les objets qui consomment de l'électricité.

L'énergie électrique fait fonctionner divers dispositifs. Certains dispositifs obtiennent de l'électricité de piles. D'autres l'obtiennent d'une prise de courant. Tu branches le dispositif dans la prise, et l'électricité voyage dans un fil jusqu'au dispositif.

D'où vient l'électricité?

L'électricité est produite dans une centrale électrique par des machines appelées « générateurs ». Les générateurs fonctionnent au moyen d'un combustible comme le charbon ou le gaz naturel. Ils peuvent aussi fonctionner au moyen du vent ou de l'eau.

L'électricité produite par la centrale voyage dans des fils appelés « lignes de transport d'énergie ». Certaines de ces lignes sont fixées à de hautes tours de métal, et d'autres sont fixées à des poteaux le long des rues. Les fils électriques sont parfois souterrains. Les fils procurent de l'électricité aux maisons, aux écoles, aux usines et à d'autres bâtiments.

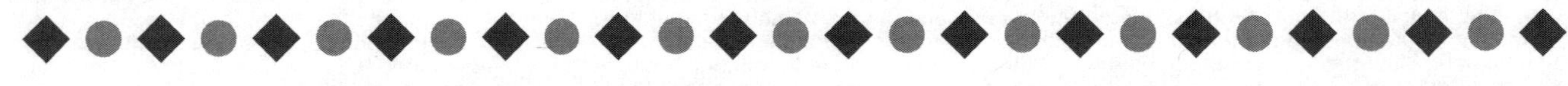

« Utilisations de l'électricité » - Penses-y!

1. Comment les gens utilisent-ils l'électricité à la maison? Numérote les exemples ci-dessous, de celui qui utilise le plus d'électricité au cours d'une année (1) à celui qui en utilise le moins (6).

____ 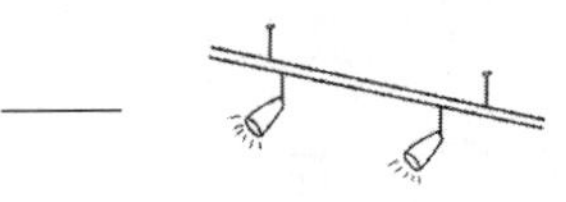

____ 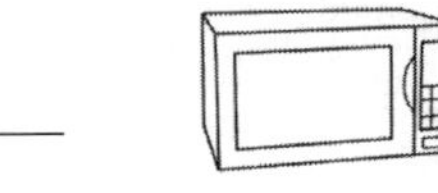

____ 

____ 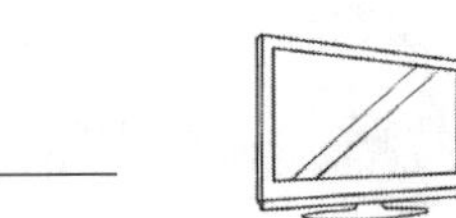

____ 

____ 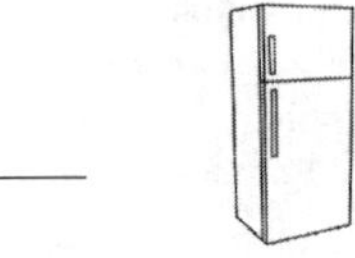

2. On utilise l'électricité à l'intérieur et à l'extérieur. Nomme trois utilisations de l'électricité à l'extérieur.

____

____

____

____

3. Beaucoup des dispositifs que nous utilisons chaque jour fonctionnent à l'électricité produite par des piles. Nomme au moins quatre dispositifs qui fonctionnent au moyen de piles. (N'oublie pas que tout dispositif rechargeable contient une pile.)

____

____

____

____

4. L'électricité qu'on obtient par une prise de courant n'est pas disponible quand il y a une panne d'électricité. Explique en quoi la vie serait différente pour ta famille et toi au cours d'une panne d'électricité.

____

____

____

____

____

____

____

L'électricité statique et courante

L'électricité statique

Quand tu retires une tuque, tes cheveux se dressent. Quand tu marches sur un tapis, tu ressens un choc quand tu touches quelque chose. Pourquoi cela se produit-il?

Quand des objets se frottent l'un contre l'autre, une charge s'accumule sur la surface. La charge peut être positive ou négative, comme les pôles d'une pile. Tu ne peux pas voir la charge sur un objet, mais tu peux voir ce qu'elle produit. C'est la charge qui fait que tes cheveux se dressent ou qu'un ballon colle à un mur. La charge fait aussi en sorte qu'un filet d'eau se courbe vers elle.

Une charge reste en place pendant un certain temps. C'est pourquoi on l'appelle « électricité statique ». Quand une charge se déplace d'un objet à un autre, tu peux voir — et sentir — l'étincelle.

L'électricité courante

L'électricité courante suit un parcours appelé « circuit ». Un circuit relie la source d'électricité à un objet qui offre une résistance et qui accomplit une tâche utile. La source peut être une centrale électrique ou une pile. Une ampoule est un objet qui offre une résistance.

Penses-y!

1. Encercle les exemples d'électricité courante.

choc ressenti en marchant sur un tapis	**lampe de poche**	**éclair**
fils électriques dans la maison	**calculatrice solaire**	**interrupteur**

2. Des objets ayant la même charge se repoussent. Des objets ayant des charges opposées sont attirés l'un vers l'autre. Ces objets ont-ils la même charge ou des charges opposées?

   a) Un ballon colle à un mur. ____________________

   b) Des cheveux se repoussent au point où ils se dressent. ____________________

3. Quand tu sors des vêtements de la sécheuse, certains d'entre eux se collent les uns aux autres. C'est en raison de l'électricité statique. Explique pourquoi les vêtements se collent ainsi les uns aux autres.

____

____

Expérience : Des céréales électriques

Tente cette expérience pour voir le fonctionnement de l'électricité statique.

Tu as besoin

- d'un peigne en plastique rigide
- de savon liquide
- d'un torchon à vaisselle ou d'un essuie-tout
- d'un fil de 30 cm
- d'un morceau de céréale sèche en forme de O
- d'une mitaine ou d'un bas en laine
- d'une table
- de ruban adhésif
- d'un ballon (facultatif)

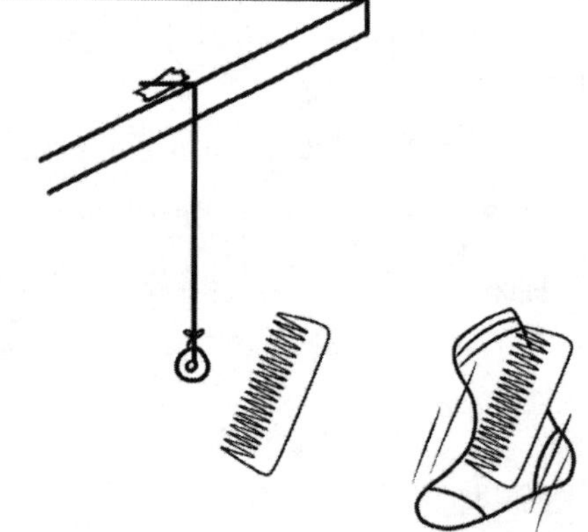

Marche à suivre

1. Attache une extrémité du fil au morceau de céréale.
2. Fixe l'autre extrémité du fil au dessus de la table au moyen du ruban adhésif, de façon que le morceau de céréale soit suspendu. Le morceau ne devrait pas être trop près de quoi que ce soit.
3. Lave le peigne avec le savon pour en enlever toute trace d'huile. Rince le peigne avec soin. Essuie-le bien avec le torchon. (Le peigne doit être complètement sec.)
4. Frotte le peigne rapidement sur la laine pendant plusieurs secondes.
5. a) Rapproche *lentement* le peigne du morceau de céréale. Les deux ne doivent pas se toucher. À un moment donné, le morceau de céréale devrait bouger. Note ce qui s'est passé.
   b) Tiens le peigne en place jusqu'à ce que le morceau de céréale bouge de nouveau. Note comment il a bougé cette fois.
6. Rapproche de nouveau le peigne du morceau de céréale, toujours aussi lentement. Essaie de les faire se toucher. Note ce qui s'est produit.

Facultatif

7. Si tu as un ballon, gonfle-le et fermes-en l'ouverture au moyen d'un nœud. Refais les étapes 4 à 6 avec le ballon plutôt qu'avec le peigne. Note ce qu'il y avait de différent dans les résultats.

« Expérience : Des céréales électriques » - Penses-y!

1. Note les résultats de ton expérience dans le tableau ci-dessous, au moyen de dessins ou de mots.

Ce que j'ai fait	Ce que j'ai vu
J'ai rapproché lentement le peigne du morceau de céréale **[étape 5 a)].**	
J'ai tenu le peigne en place jusqu'à ce que le morceau de céréale bouge de nouveau **[étape 5 b)].**	
J'ai essayé de faire en sorte que le peigne et le morceau de céréale se touchent **[étape 6].**	

2. Comment le peigne a-t-il obtenu une charge?

____

____

3. Était-ce un exemple d'électricité statique ou d'électricité courante? Explique ta réponse.

____

____

4. Le peigne et la laine ont-ils causé les résultats que tu as vus? Ou est-ce plutôt le morceau de céréale qui a causé les résultats? Explique une étape que tu pourrais ajouter à la marche à suivre pour mettre ton hypothèse à l'essai.

____

____

Conducteurs et isolants

L'électricité circule dans des fils pour faire fonctionner des dispositifs. Les fils électriques s'étendent dans les murs partout dans la maison. L'électricité peut-elle circuler dans n'importe quel matériau? Non. Certains matériaux bloquent le parcours de l'électricité.

Un conducteur est un matériau par lequel l'électricité peut facilement circuler. Le métal, l'eau et les gens sont des conducteurs. Le métal est le meilleur conducteur d'électricité.

Un isolant est un matériau qui empêche la circulation de l'électricité. Une charge électrique ne peut pas circuler facilement dans le caoutchouc, le plastique, le verre et le bois.

Conducteurs et isolants dans le quotidien

Les fils électriques de dispositifs comme un téléviseur ou une lampe sont recouverts de plastique. À l'intérieur du plastique, il y a un fil de métal, souvent du cuivre. Le cuivre est un excellent conducteur.

L'électricité circule dans le fil, mais pas dans le plastique. Tu peux donc toucher le fil sans ressentir un choc.

Les électriciennes et électriciens portent des gants de caoutchouc épais quand ils travaillent. Ces gants empêchent l'électricité de se rendre jusqu'à la personne.

Réfléchis bien

On peut faire fonctionner des dispositifs à écran tactile avec un doigt. Une toute petite charge électrique passe de l'écran au doigt, ce qui indique au dispositif ce que touche le doigt. Pourrais-tu utiliser un écran tacticle si tu portais des gants? Explique ta réponse.

« Conducteurs et isolants » - Penses-y!

1. Après un gros orage, tu remarques qu'une des lignes électriques dans ta rue s'est brisée et qu'une extrémité de la ligne repose dans une grosse flaque. Tu remarques aussi que la ligne est recouverte d'une épaisse gaine de caoutchouc. Serait-il dangereux de s'approcher de la ligne électrique? Est-ce qu'il y aurait un danger même si tu ne touchais pas la ligne? Explique ta réponse.

____

____

____

2. Les électriciennes et électriciens utilisent souvent des outils ayant des manches de caoutchouc. Pourquoi est-ce une bonne idée?

____

____

____

3. Imagine que tu as trouvé une vieille lampe. Le fil de la lampe est recouvert de tissu et non de plastique. Une partie du tissu tombe en morceaux. Tu peux même voir un peu le fil de métal. Explique pourquoi ce fil est dangereux.

____

____

4. Classifie ces matériaux en te servant du diagramme de Venn ci-dessous. Ajoute tes propres exemples au diagramme.

crayon   table de bois   pièce de monnaie   aimant   bouton de plastique   verre   pneu

élément d'une cuisinière   écran tactile   bottes de caoutchouc   fil d'écouteurs   épingle de sûreté

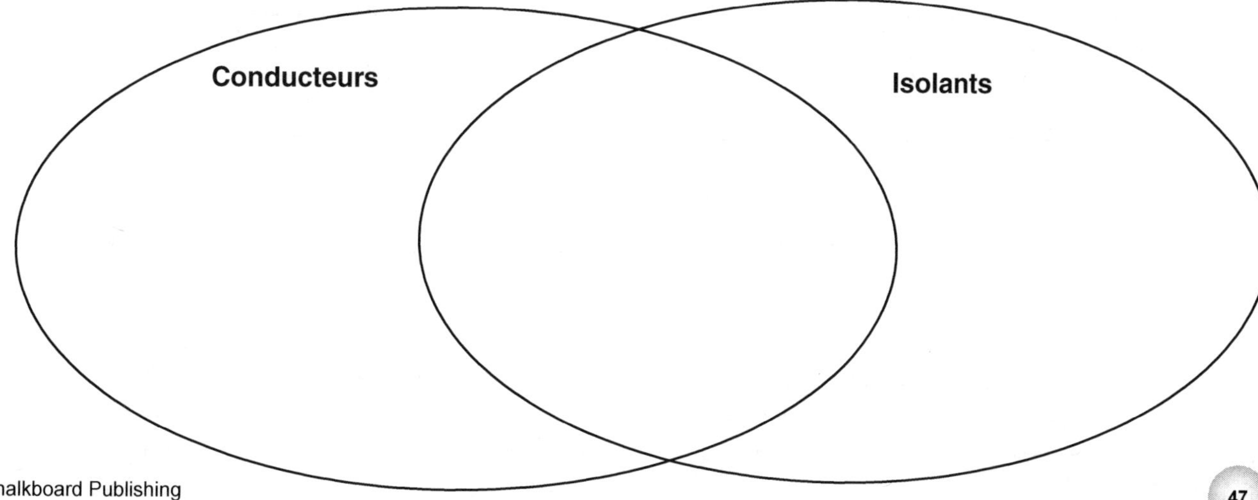

L'eau produit de l'électricité

Hydro signifie « eau ». Les centrales hydroélectriques se servent d'eau pour produire de l'électricité.

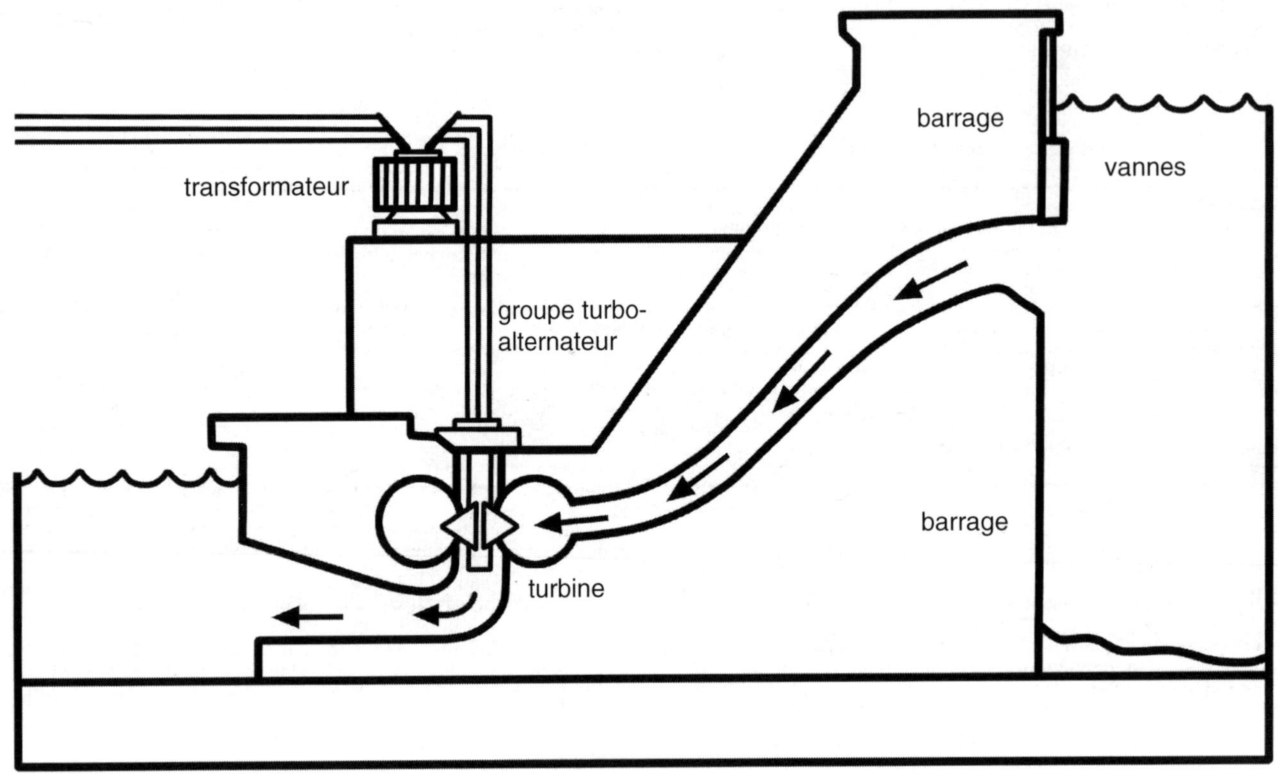

Comment cela fonctionne

1. On construit un barrage dans une rivière. L'eau s'accumule derrière le barrage, ce qui crée un lac ou réservoir.

2. Quand on ouvre les vannes, l'eau entre dans une conduite et se rend jusqu'à une turbine.

3. L'eau fait tourner les aubes de la turbine, ce qui fait tourner l'arbre de la turbine auquel elles sont fixées.

4. La turbine fait tourner très rapidement l'arbre et les aimants à l'intérieur du groupe turbo-alternateur. Quand les aimants tournent, une charge s'accumule dans des rouleaux de fils de cuivre, produisant ainsi de l'électricité.

5. L'électricité parcourt des fils jusqu'au transformateur. Le transformateur permet d'envoyer l'électricité très loin, là où on en a besoin.

« L'eau produit de l'électricité » - Penses-y!

1. Explique ce que penserait chaque groupe de personnes de la construction d'un barrage hydroélectrique.

a) Les personnes qui vivent le long de la rivière où sera créé le réservoir

b) Les personnes qui aiment faire du bateau et du ski nautique

c) Les personnes sans emploi qui vivent près du chantier de construction

d) Les personnes qui croient qu'il pourrait y avoir un tremblement de terre là où on construit le barrage

2. Si tu vivais près du site d'un projet de barrage, comment te sentirais-tu? Explique ta réponse.

Le vent produit de l'électricité

Les gens utilisent l'énergie éolienne (produite par le vent) depuis des siècles. C'est le vent qui faisait tourner les meules des premiers moulins pour transformer le grain en farine. Aujourd'hui, nous utilisons le même principe pour produire de l'électricité.

Comment les éoliennes fonctionnent

Une éolienne est l'opposé d'un ventilateur. Dans le cas du ventilateur, l'électricité fait tourner les pales, et les pales qui tournent produisent de l'air en mouvement. Dans le cas d'une éolienne, c'est l'air en mouvement (le vent) qui fait tourner les pales, et les pales qui tournent produisent de l'électricité.

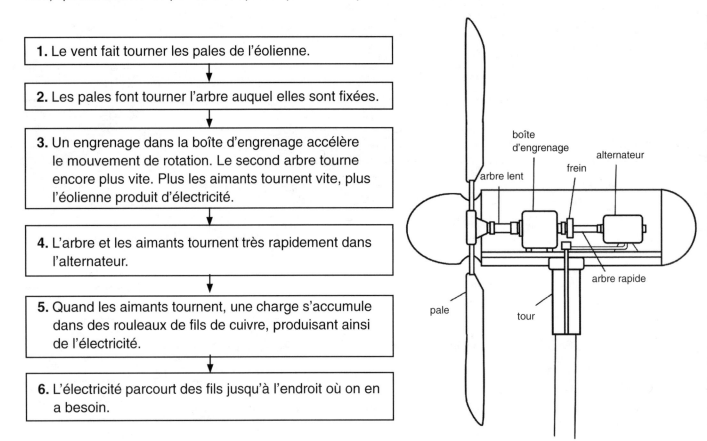

1. Le vent fait tourner les pales de l'éolienne.

↓

2. Les pales font tourner l'arbre auquel elles sont fixées.

↓

3. Un engrenage dans la boîte d'engrenage accélère le mouvement de rotation. Le second arbre tourne encore plus vite. Plus les aimants tournent vite, plus l'éolienne produit d'électricité.

↓

4. L'arbre et les aimants tournent très rapidement dans l'alternateur.

↓

5. Quand les aimants tournent, une charge s'accumule dans des rouleaux de fils de cuivre, produisant ainsi de l'électricité.

↓

6. L'électricité parcourt des fils jusqu'à l'endroit où on en a besoin.

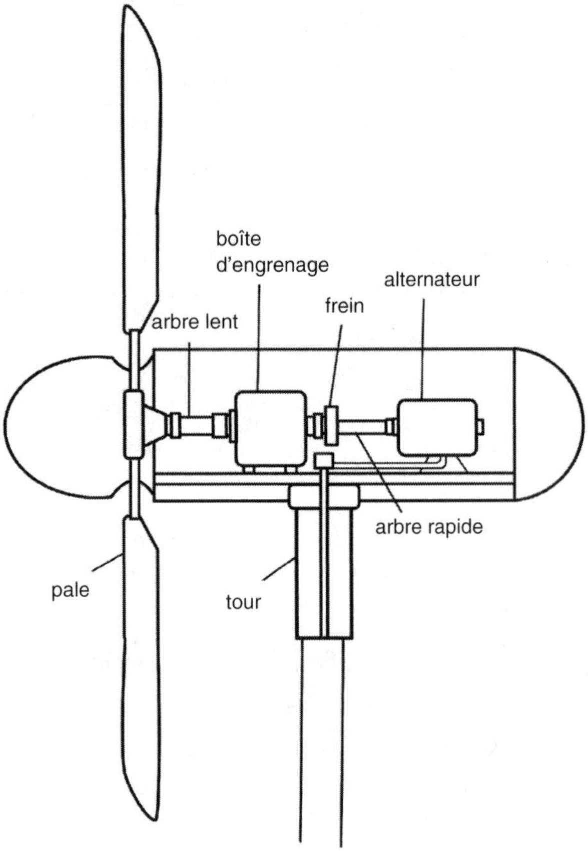

Les fermes éoliennes

Une ferme éolienne est un groupement d'éoliennes. Elle doit être située sur un terrain plat et dégagé où il y a beaucoup de vent. On peut aussi construire une ferme éolienne sur un plan d'eau, comme un lac ou l'océan.

Avantages des éoliennes	Inconvénients des éoliennes
• produisent de l'électricité • ne produisent pas de pollution • peuvent être construites à beaucoup d'endroits	• sont bruyantes • sont visibles de très loin • les pales qui tournent peuvent tuer ou blesser des oiseaux et des chauves-souris

« Le vent produit de l'électricité » - Penses-y!

1. Pourquoi les pales d'une éolienne doivent-elles être très légères?

2. Les éoliennes ne polluent pas l'environnement quand elles fonctionnent. Mais il faut produire le métal, le ciment et les autres matériaux utilisés pour les construire. Les éoliennes doivent être construites, puis transportées jusqu'à leur site. Quels effets tout cela a-t-il sur l'environnement?

3. Passe en revue l'information donnée au sujet des centrales hydroélectriques. Dans le tableau ci-dessous, donne les ressemblances et les différences entre une centrale hydroélectrique et une éolioenne (sous forme de listes à puces).

Ressemblances	Différences

Transformer l'énergie

On peut transformer une forme d'énergie en une autre. D'ailleurs, tu le fais chaque jour. Tu transformes le mouvement en chaleur quand tu te frottes les mains. Une ampoule transforme l'électricité en lumière. Une horloge transforme l'électricité en mouvement (celui des aiguilles).

Certains dispositifs produisent plus de formes d'énergie que nous n'en voulons. Un mélangeur produit du mouvement (ses lames tournent), de l'énergie sonore (le bruit) et de la chaleur (le moteur se réchauffe). Le bruit et la chaleur n'aident pas le mélangeur à faire son travail, qui est de mélanger de la nourriture.

Le mouvement du mélangeur est produit par les lames qui tournent.

Penses-y!

Chacun des dispositifs ci-dessous transforme l'énergie électrique en une autre forme d'énergie. Fais un crochet sous les formes d'énergie que chaque dispositif utilise pour fonctionner. Ajoute d'autres dispositifs au tableau.

	Transforme l'énergie électrique en			
Dispositif	**Chaleur**	**Lumière**	**Son**	**Mouvement**
a) Téléviseur				
b) Fer à repasser				
c) Ouvre-boîte électrique				
d)				
e)				
f)				

Tout sur les circuits électriques

Qu'est-ce qu'un circuit?

Un circuit est le trajet que suit le courant électrique. Voici les parties d'un circuit simple :

Partie	Ce qu'elle fait	Exemple
Source d'énergie	produit de l'électricité	pile
Conducteur	transporte le courant électrique	fil de métal
Résistance	utilise l'électricité pour faire un travail utile	moteur

Le but d'un circuit est de fournir de l'électricité à l'objet qui offre une résistance. S'il y a un vide quelque part dans le circuit, l'objet ne fonctionnera pas puisque le courant électrique ne pourra pas se rendre jusqu'à lui. Dans l'image, l'objet offrant une résistance est l'ampoule. S'il y a un vide dans le circuit, l'ampoule ne fonctionnera pas.

Dans le circuit simple, le courant électrique provient de la pile. Le courant se rend jusqu'à l'ampoule, puis retourne à la pile. Les extrémités des deux fils sont reliées à la pile et à l'ampoule. Comme il n'y a aucun vide dans le circuit, le circuit est complet.

S'il y avait un vide dans le circuit, le courant électrique ne pourrait pas s'y déplacer.

circuit simple - fermé

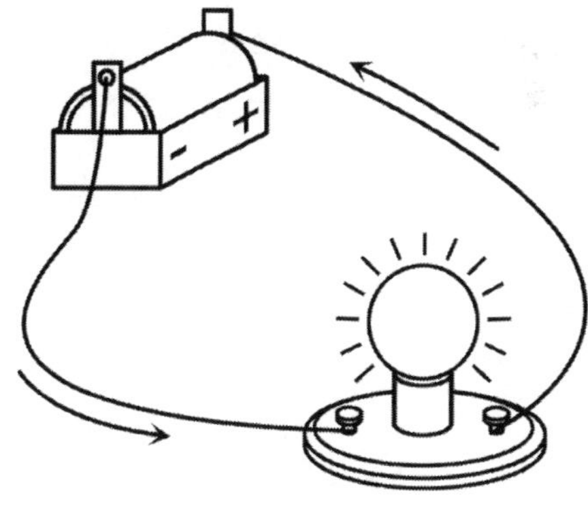

circuit simple ouvert

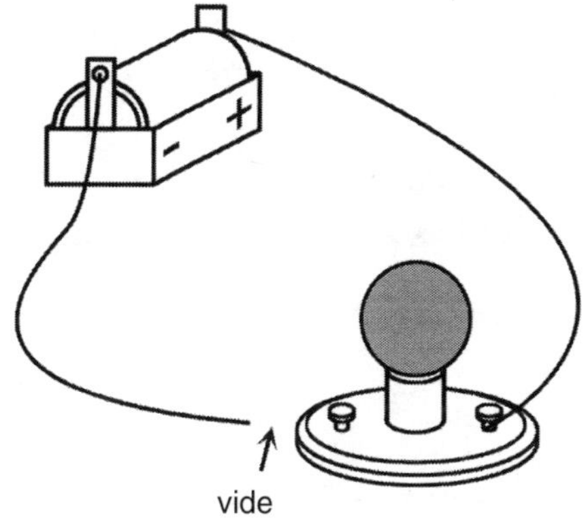

Qu'est-ce qu'un circuit en série?

Un circuit en série relie plusieurs résistances. Le courant électrique ne se déplace que sur un parcours.

circuit en série

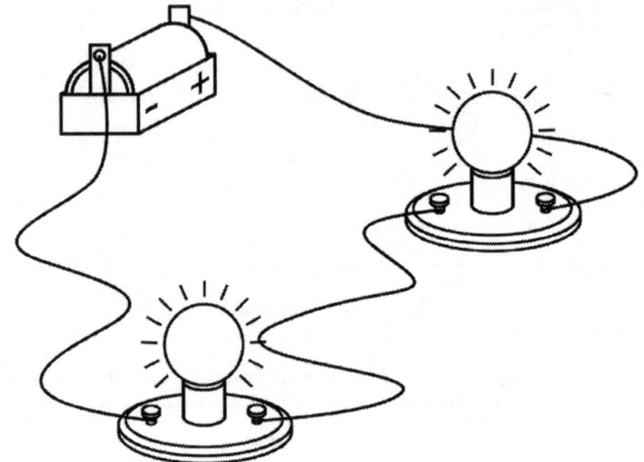

Qu'est-ce qu'un circuit en parallèle?

Un circuit en parallèle fournit plus d'un parcours pour le courant électrique.
Suis les parcours dans l'image avec ton doigt :

Parcours 1 : A □ B □ E □ F
Parcours 2 : A □ B □ C □ D □ E □ F

circuit en parallèle

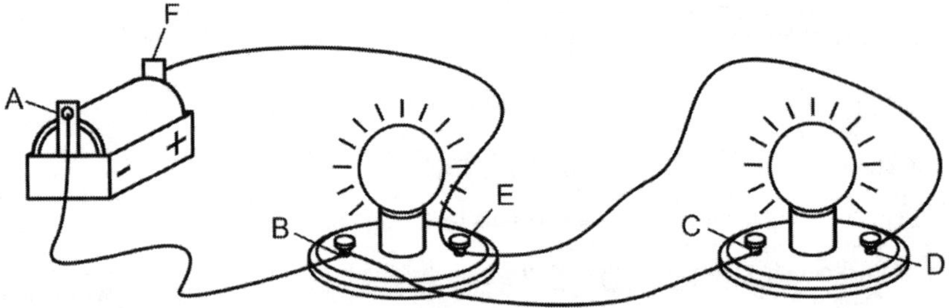

Dans le cas d'un circuit en parallèle, le courant électrique se déplace sur tous les parcours possibles, mais seulement si chaque parcours est complet. Dans le circuit ci-dessus, une partie du courant suit le parcours 1, et une autre partie suit le parcours 2. Les deux ampoules s'allument.

« Tout sur les circuits électriques » - Penses-y!

1. Les ampoules incandescentes s'allument lorsque le courant électrique passe dans un filament à l'intérieur de l'ampoule. On dit qu'une ampoule est « grillée » lorsque le filament se brise, ce qui est le cas de l'ampoule *A* dans l'image.

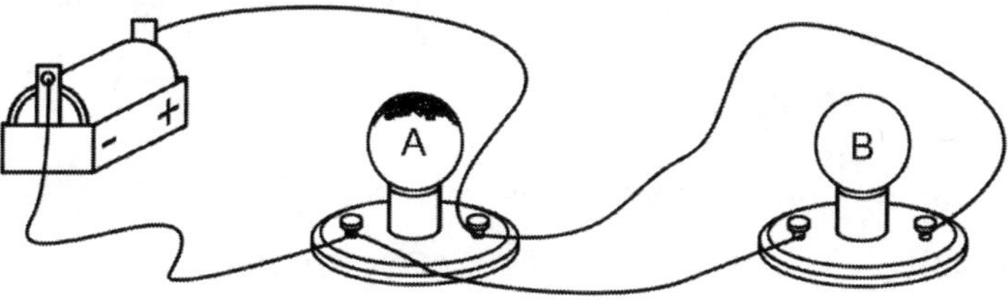

a) L'image montre-t-elle un circuit en série ou un circuit en parallèle? Explique ta réponse.

b) L'ampoule *B* va-t-elle s'allumer? Explique ta réponse.

2. Quand tu utilises un interrupteur pour fermer une lumière, le courant électrique ne circule plus jusqu'à l'ampoule. Sers-toi de tes connaissances sur les circuits pour expliquer comment un interrupteur ferme une lumière.

3. Une chaîne de lumières de patio fonctionne en parallèle. Quels sont deux des avantages de ce type de circuit?

4. a) Regarde l'image ci-dessous. L'objet mystère est-il un conducteur ou un isolant? Comment le sais-tu?

b) De quel matériau pourrait être fait l'objet mystère? Nomme trois possibilités.

La vie sans électricité

Si tu pouvais retourner dans le passé, tu verrais que la vie était très différente.

La cuisson

On utilisait un poêle chauffé au bois ou au charbon. On passait beaucoup de temps à couper du bois pour avoir des bûches à faire brûler. Il fallait souvent enlever la cendre accumulée dans le poêle.

La réfrigération

On gardait la nourriture périssable dans une glacière domestique. La glacière avait deux portes. Celle du dessus s'ouvrait sur un compartiment où on plaçait un gros bloc de glace. La porte du devant s'ouvrait sur un plus gros compartiment où on mettait le lait et le beurre, par exemple.

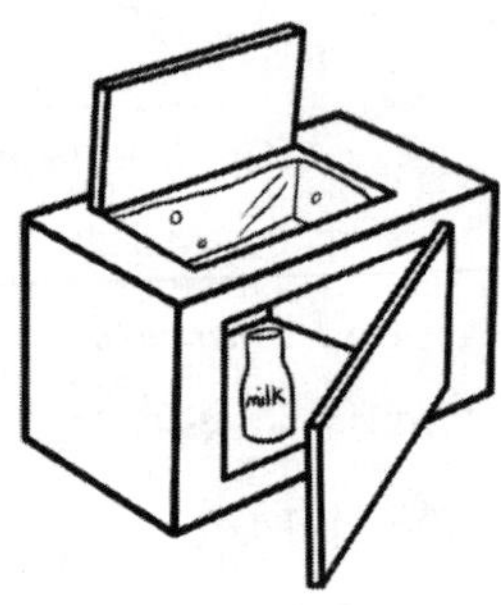

Dans les villes, des camions livraient régulièrement des blocs de glace pour les glacières. À la campagne, les gens découpaient, en hiver, des blocs dans la glace d'un cours d'eau gelé. Ils couvraient les blocs d'épaisses couches de foin ou d'herbe et pouvaient ainsi les conserver jusque tard dans l'été... s'ils étaient chanceux!

La lumière

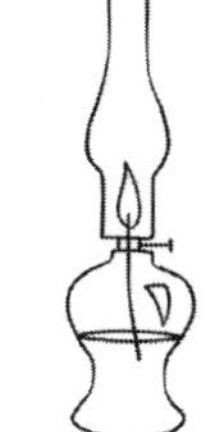

On utilisait beaucoup les lampes à l'huile autrefois. La fumée qui s'en dégageait était salissante. Il fallait nettoyer les lampes souvent, et les remplir continuellement d'huile.

Un bain chaud

On transportait la baignoire jusque dans la cuisine afin de la rapprocher du poêle. On chauffait de l'eau sur le poêle. Il fallait beaucoup de temps pour remplir la baignoire. Et chauffer l'eau nécessitait un combustible. Souvent, tous les membres de la famille prenaient un bain à tour de rôle, dans la même eau.

La lessive

On lavait les vêtements dans de l'eau savonneuse et on les frottait sur une planche à laver pour mieux les nettoyer. On les rinçait ensuite dans de l'eau propre. On ne faisait pas la lessive les jours de pluie parce qu'il fallait suspendre les vêtements à l'extérieur pour les faire sécher.

Repasser les vêtements n'était pas très amusant. Le fer à repasser était fait de fer. Il était donc très lourd. On le chauffait sur le poêle. On devait utiliser un linge ou une poignée de tissu pour tenir le fer. Il fallait réchauffer le fer souvent pendant la corvée.

Les communications

Il n'y avait ni téléphone ni Internet. Les lettres étaient livrées à pied ou à dos de cheval. Il fallait des jours, et parfois même des semaines, pour que les lettres atteignent leur destination.

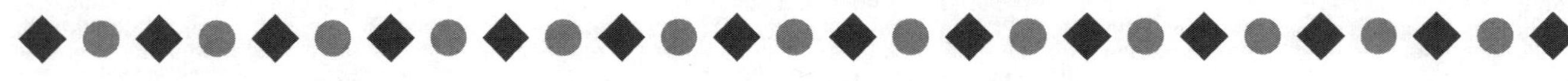

« La vie sans électricité » - Penses-y!

Remplis le tableau ci-dessous pour montrer comment on utilise l'électricité dans notre vie de tous les jours. Puis fais des suggestions sur les façons de conserver l'énergie électrique dans chaque tâche.

Tâche	Comment on fait cette tâche aujourd'hui	Comment je peux conserver l'énergie électrique
a) Cuisson		
b) Réfrigération et congélation		
c) Lumière		
d) Bains chauds		
e) Lessive		
f) Communications		

Mots croisés - L'électricité

Remplis la grille ci-dessous afin de passer en revue tes connaissances sur l'électricité.

Horizontalement

2. Type de circuit électrique comptant plus d'un parcours

4. Partie d'un circuit que représente la pile

7. Matériau dans lequel le courant électrique circule facilement

9. Nombre d'ampoules qui s'allumeront dans un circuit en série de quatre ampoules si l'une d'elles est grillée

10. Circuit qui relie plusieurs résistances sur un seul parcours

Verticalement

1. Isolant au travers duquel on peut voir

2. Petite source d'énergie portable

3. Partie d'une éolienne qui produit l'électricité

5. Elle existe sous différentes formes. L'électricité en est une.

6. Type d'électricité produit par friction

7. Circule dans les fils électriques

8. Tout matériau qui bloque le courant électrique

Conçois un jeu sur l'électricité

Tu as besoin

- de ciseaux
- d'une punaise
- d'une feuille de papier épais
- de fiches coupées en deux dans le sens de la largeur
- de matériel de coloriage
- d'un gros trombone

Marche à suivre

Fabrique un tourniquet

1. Découpe un gros cercle dans le papier épais.
2. Divise le cercle en 6 à 8 pointes. Colorie les pointes de couleurs différentes.

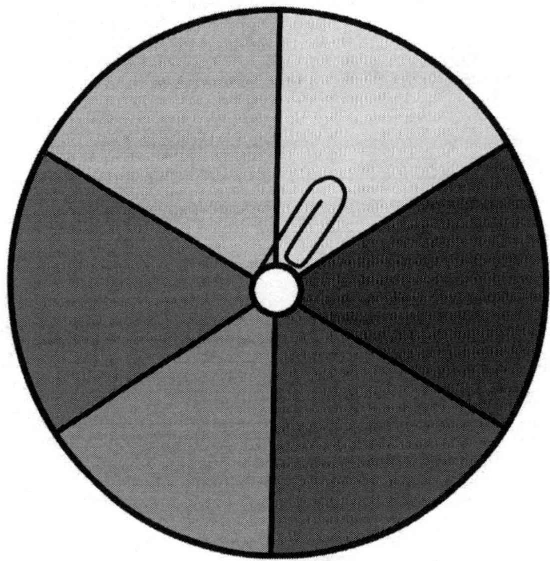

3. Sers-toi de la punaise pour fixer le trombone au centre du tourniquet. Tu dois pouvoir faire tourner le trombone.

Prépare des fiches de questions

1. Prépare au moins 20 fiches portant chacune une question. Ajoute aussi sur chacune un gros point d'une couleur correspondant à l'une des couleurs des pointes.
2. Consulte tes notes et les articles de ce livre pour composer des questions sur :
   - l'électricité
   - les circuits
   - la production d'électricité
   - la sécurité
   - la conservation de l'énergie

   Crée divers types de questions :
   - vrai ou faux
   - choix multiple
   - explication à donner
   - dessin à faire
3. Écris les questions sur tes fiches, accompagnées des réponses.

Écris les règles du jeu

1. Combien de personnes peuvent jouer au jeu? ______________________________

2. Qui va marquer les points? ______________________________

3. Quelle est la pénalité pour une mauvaise réponse? ______________________________

____

4. Quand le jeu prend-il fin? Tu pourrais en limiter la durée, ou encore décider qu'il prendra fin après un certain nombre de tours ou quand une personne aura atteint un certain nombre de points.

____

Mets ton jeu à l'essai avec d'autres élèves. Après y avoir joué, améliore-le au besoin en modifiant les règles ou en ajoutant des questions.

Notre Soleil est une étoile

La Terre tourne autour du Soleil. Le Soleil est une étoile et nous ne pourrions pas vivre sans lui. Le Soleil est une boule de gaz en combustion qui émet de la lumière et de la chaleur. La lumière fait croître les plantes, qui nous procurent de la nourriture et de l'oxygène. La chaleur nous donne la pluie en réchauffant les océans et les lacs. Une partie de l'eau réchauffée s'évapore, et la vapeur d'eau flotte dans le ciel. Quand elle monte suffisamment, elle rencontre de l'air plus froid et se condense, puis finit par tomber sous forme de pluie.

Quelles sont les dimensions du Soleil? Si le Soleil était une boule vide, on pourrait y faire entrer un million de planètes Terre.

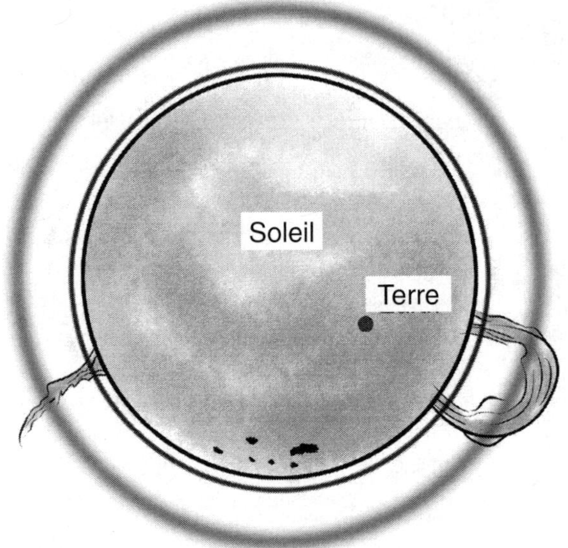

Un million de planètes Terre pourraient entrer dans le Soleil. La masse du Soleil est de 333 000 fois celle de la Terre.

D'autres étoiles

Toutes les étoiles sont des boules de gaz en combustion. Mais les étoiles n'ont pas toutes les mêmes dimensions et ne sont pas toutes de la même couleur. Certaines étoiles sont 40 fois plus grosses que notre Soleil; d'autres sont presque aussi petites que la Terre. Les étoiles bleues sont très chaudes, tandis que les rouges sont plus froides. Entre les deux, il y a les étoiles blanches et les jaunes. Notre Soleil est une étoile naine jaune.

Le Soleil semble plus gros que les autres étoiles dans le ciel parce qu'il est plus proche de nous. Certaines étoiles sont si éloignées que leur lumière met plus de 1000 ans à atteindre la Terre.

Penses-y!

Quels effets le Soleil a-t-il sur la Terre? Sers-toi de l'information donnée dans le texte et de tes propres idées pour répondre à cette question (fais-le au verso de cette feuille).

MISE EN GARDE

Ne regarde jamais le Soleil! La lumière solaire peut endommager tes yeux même si tu portes des lunettes de soleil.

Réfléchis bien

Toutes les étoiles ont un cycle de vie. Effectue une recherche pour en apprendre davantage à ce sujet. Ensuite, conçois une affiche informative qui comprend des diagrammes avec étiquettes.

Expérience : Crée un coucher de soleil

Le Soleil semble jaune. Pourquoi les couchers de soleil sont-ils rouges? Tente cette expérience pour le savoir.

Tu as besoin

- d'un bol en verre transparent
- d'eau
- d'une cuillère
- de quelques gouttes de lait faible en gras
- d'une feuille de papier blanc
- d'une lampe de poche

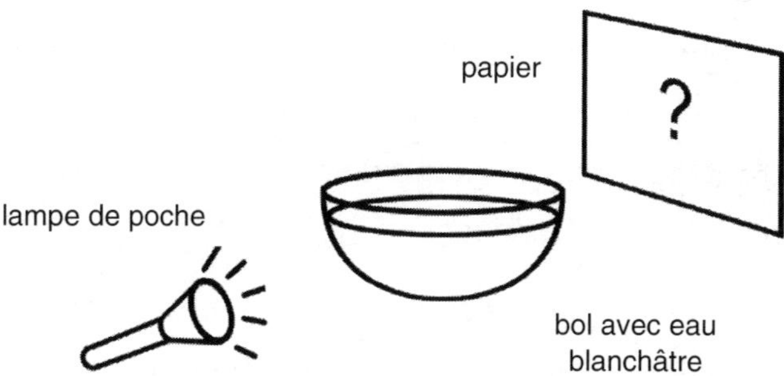

Marche à suivre

1. Remplis le bol d'eau.
2. Tiens la feuille de papier d'un côté du bol. Tiens la lampe de poche de l'autre côté.
3. Le faisceau de la lampe de poche doit frapper la feuille après avoir traversé l'eau. Note ce que tu vois.
4. Avec la cuillère, ajoute quelques gouttes de lait à l'eau jusqu'à ce que celle-ci soit blanchâtre.
5. Répète les étapes 2 et 3. Note ce que tu vois.

Penses-y!

1. Qu'as-tu vu quand le faisceau de lumière a traversé l'eau claire? (Étape 3)

____

____

____

____

2. Qu'as-tu vu quand le faisceau de lumière a traversé l'eau blanchâtre? (Étape 5)

____

____

____

____

Les planètes de notre système solaire

Huit planètes tournent autour de notre Soleil. Les trajets qu'elles suivent sont éloignés de millions de kilomètres les uns des autres. À quelque moment que ce soit, les planètes se trouvent à différents endroits le long de leurs trajets. Les distances entre les planètes elles-mêmes sont donc encore plus grandes. La Terre est si éloignée du Soleil que la lumière solaire met huit minutes à atteindre notre planète.

Chaque planète tourne sur elle-même pendant qu'elle décrit son orbite autour du Soleil. Sur la Terre, cela donne le jour et la nuit. Une planète met un an à décrire son orbite. Sur la Terre, une année équivaut à 365 jours. Certaines des autres planètes ont des années plus courtes, tandis que d'autres en ont de beaucoup plus longues.

Certaines planètes ont des lunes ou des anneaux. Certaines ont une atmosphère, des vents et des tempêtes. Sur certaines planètes, on peut voir des cratères, des montagnes et des canyons. Associe chacune des planètes de l'image à sa description

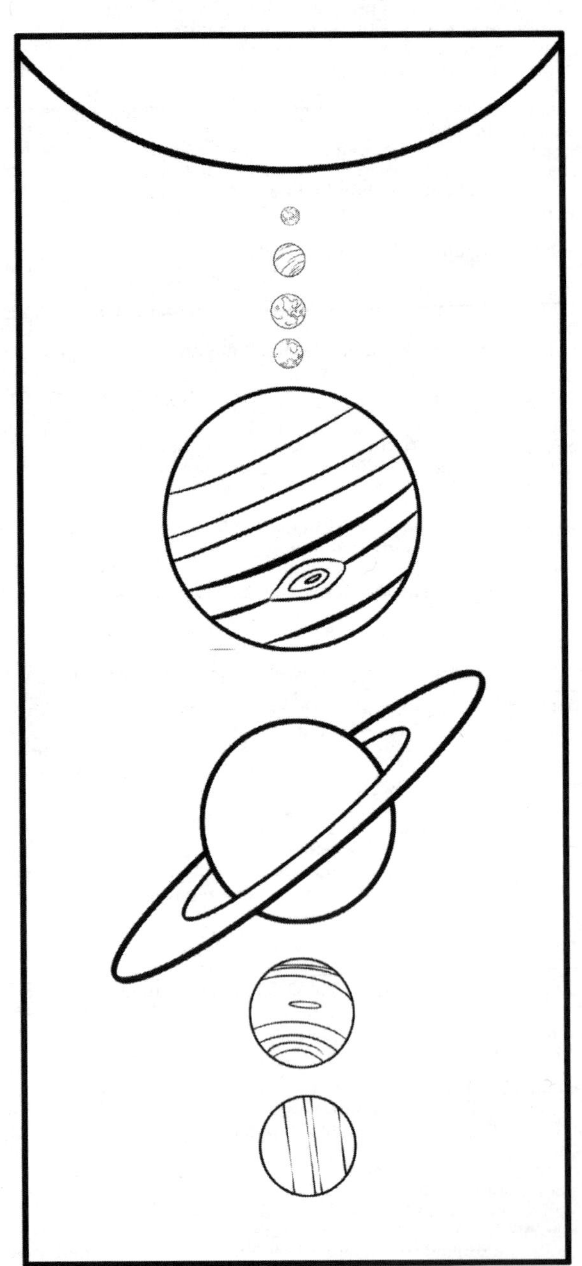

Mercure

Mercure, la plus petite des planètes, est celle qui est la plus rapprochée du Soleil. Sa surface est grise et rocheuse, et on peut y voir de nombreux cratères. Comme elle n'a presque pas d'atmosphère, elle n'a ni tempêtes, ni nuages, ni vents, ni pluie. Sans atmosphère pour retenir la chaleur du Soleil pendant la journée, sa température peut baisser de 600 °C la nuit. Aucune autre planète n'a de tels écarts dans ses températures.

Vénus

Vénus a à peu près le même diamètre que la Terre. La température à sa surface est suffisamment chaude pour faire fondre du plomb. En fait, aucune autre planète n'est plus chaude que Vénus, même pas Mercure, qui est pourtant plus rapprochée du Soleil. Mercure et Vénus sont les seules planètes sans lunes. Vénus est facile à voir. Elle reflète si bien la lumière du Soleil que les gens la prennent pour une étoile.

Terre

De l'espace, la Terre paraît bleue. C'est parce que des océans couvrent 70 % de sa surface. La Terre est la troisième planète la plus rapprochée du Soleil, et la plus grosse des quatre planètes rocheuses. C'est aussi la plus dense. La Terre est inclinée dans sa rotation sur elle-même. Pour cette raison, la moitié de la planète obtient plus d'énergie solaire que l'autre moitié. Cette inclinaison explique aussi les saisons.

Mars

Cette planète est rougeâtre à cause du fer que contient son sol. D'énormes tempêtes de poussière la recouvrent presque entièrement. Mars est deux fois plus petite que la Terre, mais elle possède la plus haute montagne connue et le canyon le plus large de toutes les planètes. Des sondes spatiales ont cherché des signes de vie sur Mars, mais n'en ont trouvé aucun. Cependant, les scientifiques croient que la planète a déjà été couverte de rivières et d'océans.

Jupiter

On appelle Jupiter la géante gazeuse. Jupiter est si grosse que toutes les autres planètes pourraient y entrer. Elle a plus de lunes que les autres planètes, soit au moins 64. L'une de ses lunes est plus grosse que Mercure. Jupiter est la cinquième planète à partir du Soleil, mais on peut facilement la voir de la Terre. Une sonde spatiale a révélé que de fins anneaux sombres, faits de blocs de poussières et de roche, l'encerclent.

Saturne

Aucune autre planète n'a d'anneaux aussi brillants. Ces anneaux se composent de blocs de poussières, de roche et de glace. Certains de ces blocs sont aussi petits qu'un ongle de doigt, tandis que d'autres sont aussi gros qu'une maison. Des scientifiques croient que les anneaux contiennent des matériaux projetés en l'air après la formation de Saturne. D'autres pensent qu'ils contiennent des fragments de lunes voisines qui auraient été frappées par des météorites.

Uranus

Uranus est la seule planète qui est pratiquement « couchée » sur son orbite. Certains scientifiques croient qu'un énorme objet spatial l'a heurtée il y a très longtemps. Uranus est la troisième plus grande planète de notre système solaire et est entourée d'anneaux très fins. Contrairement à d'autres planètes, elle n'a ni bandes nuageuses, ni tempêtes. Uranus est si éloignée du Soleil que la lumière solaire sur la Terre est 400 fois plus brillante que celle sur Uranus.

Neptune

Neptune est une boule bleue géante sur laquelle flottent de minces nuages blancs. Les vents peuvent atteindre 2000 km/h sur Neptune. Aucune autre planète n'a de vents aussi forts. Neptune a à peu près la même taille qu'Uranus et est la planète la plus éloignée du Soleil. Il y a quatre saisons sur Neptune, mais chaque saison dure 40 années terriennes.

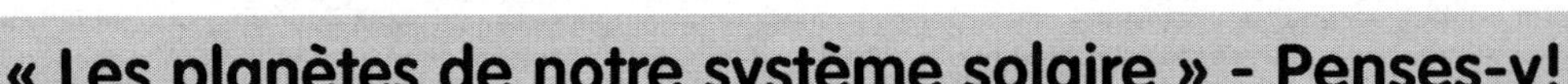

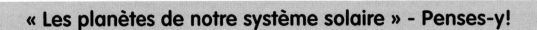

« Les planètes de notre système solaire » - Penses-y!

1. Quelle planète a la plus haute montagne connue? ______________________________

2. Quelle planète est la plus chaude? ______________________________

3. Quelle planète est la plus petite? ______________________________

4. Quelle planète est la plus grosse? ______________________________

5. Quelle planète est la plus dense? ______________________________

6. Quelle planète a les plus grands écarts de températures le même jour? ______________

7. Quelle planète est couchée dans sa rotation? ______________________________

8. Associe chaque planète à un objet dont elle aurait les dimensions si le Soleil avait la taille d'un ballon de basketball. (Indice : Dans le cas de six des planètes, on pourrait former des paires de planètes ayant à peu près la même taille. Par exemple, Vénus a presque les mêmes dimensions que la Terre.)

a) Mercure	i) petit dé
b) Vénus	ii) boule de gomme
c) Terre	ii) grain de poivre
d) Mars	iv) grosse bille
e) Jupiter	v) haricot noir
f) Saturne	vi) grain de maïs
g) Uranus	vii) pois
h) Neptune	viii) petite bille

Réfléchis bien

Voici l'ordre des planètes, en commençant par la plus rapprochée du Soleil : Mercure, Vénus, Terre, Mars, Jupiter, Saturne, Uranus, Neptune. Voici une phrase qui te le rappellera. La première lettre de chaque mot est la première lettre du nom d'une planète.

Mon Vélo Te Mènera Jusque Sur Un Nuage.

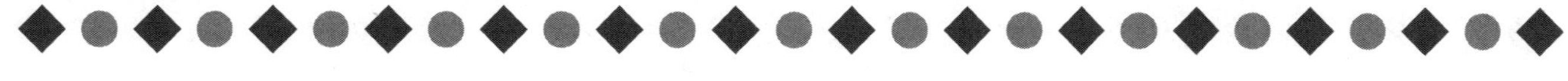

Les lunes

Savais-tu qu'il y a probablement 140 lunes dans notre système solaire? Jupiter en a plus de 64. Mercure et Vénus sont les deux seules planètes qui n'en ont pas.

Une lune peut avoir n'importe quelle taille. Deux des lunes dans notre système solaire sont plus grosses que Mercure. La deuxième plus grande lune est Titan, qui décrit une orbite autour de Saturne. Les scientifiques s'intéressent beaucoup à Titan parce que son atmosphère ressemble à celle de la Terre il y a longtemps. Pourrait-il y avoir de la vie sur cette lune, aujourd'hui ou dans l'avenir?

Notre Lune a à peu près un quart de la taille de la Terre. Sa surface est couverte de rochers et d'une épaisse couche de poussière grise, et comporte beaucoup d'énormes cratères et des chaînes de montagnes. La Lune n'a pas d'atmosphère. Des millions d'astéroïdes, de comètes et de météorites ont marqué sa surface. Il n'y a ni vent ni pluie sur la Lune pour effacer ces traces. Elles restent donc là très, très longtemps.

La Lune influe sur la vie sur Terre

La Lune tourne autour de la Terre et reflète la lumière du Soleil. Elle exerce une force d'attraction sur les océans de la Terre, créant ainsi les marées. Comme la Terre tourne sur elle-même pendant ce phénomène, il y a deux marées chaque jour.

Une éclipse de Lune se produit quand la Terre est placée entre le Soleil et la Lune. À cause de l'ombre produite par la Terre, la Lune semble rouge et mystérieuse.

L'éclipse est totale quand le Soleil et la Lune sont directement opposés. Les éclipses sont plus souvent partielles. Il y a des éclipses de Lune à quelques reprises chaque année. La plupart ne sont visibles que de certains endroits sur la Terre; tout dépend de l'endroit sur la Lune que recouvre l'ombre la plus sombre.

Les phases lunaires

T'es-tu déjà demandé pourquoi la Lune semble si brillante la nuit? La Lune n'est pas une étoile et pourtant, elle émet de la lumière. Il s'agit en fait de la réflection de la lumière solaire. La partie de la Lune qui fait face au Soleil est illuminée. Celle qui est de l'autre côté est sombre. On détermine les phases de la Lune selon sa partie illuminée. Les phases dépendent de sa situation par rapport au Soleil et à la Terre. Les phases changent pendant que la Lune décrit son orbite autour de la Terre.

« Les lunes » - Penses-y!

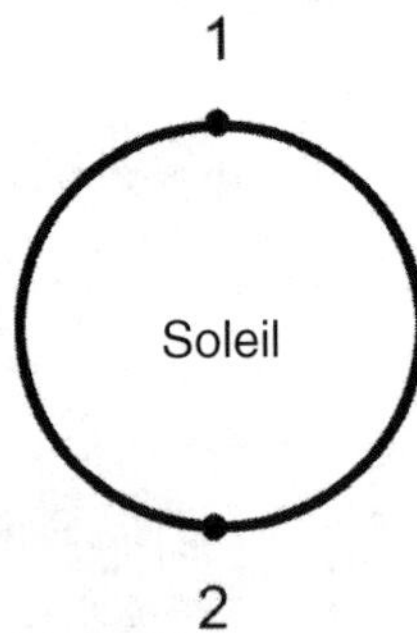

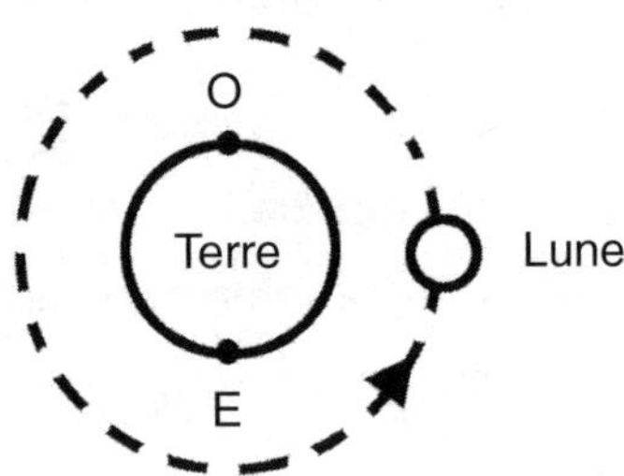

1. Dessine une éclipse de Lune. Dans le schéma ci-dessus, utilise une couleur pour joindre le point 1 aux points E et O. Prolonge les lignes jusqu'à la Lune. Colorie l'espace entre les lignes. Utilise une autre couleur pour relier le point 2 et les points E et O. Prolonge les lignes jusqu'à la Lune, puis colorie l'espace entre les lignes. Examine l'ombre que tu as coloriée entre la Terre et la Lune. La zone où les deux couleurs se sont mêlées est là où se trouve l'ombre la plus sombre.

2. Mars a deux lunes : Phobos et Deimios. Combien de lunes les quatre planètes les plus rapprochées du Soleil ont-elles en tout? ____________________

3. Regarde la Lune à toutes les trois nuits pendant environ un mois. Consulte un journal pour connaître l'heure à laquelle se lève la Lune chaque soir. Note ce que tu vois.

   a) La Lune ne change pas vraiment de forme. Pourquoi ce que tu vois change-t-il?

   ____

   ____

   b) Numérote les images de la Lune, dans l'ordre dans lequel tu les as vues.

   ____

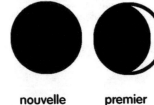

		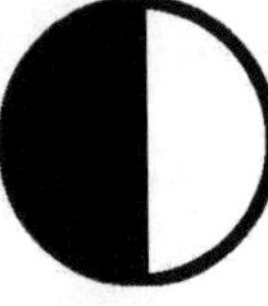					
nouvelle Lune	**premier croissant**	**premier quartier**	**Lune gibbeuse croissante**	**pleine Lune**	**Lune gibbeuse décroissante**	**dernier quartier**	**dernier croissant**

Ils sont venus de l'espace

Les comètes

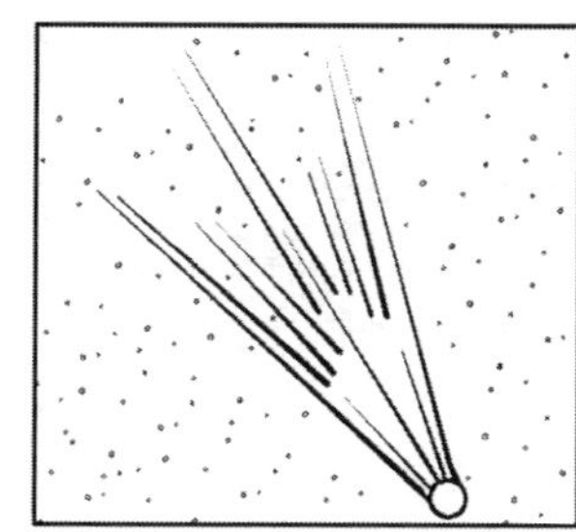

On pourrait dire qu'une comète est une boule de neige sale qui décrit une orbite autour du Soleil. Mais cette boule de neige a environ la taille d'une petite ville! Lorsque son orbite la rapproche du Soleil, sa surface devient gazeuse. La comète libère alors du gaz et des poussières, qui forment une queue pouvant s'étendre sur 80 000 km.

Les comètes sont, pour la plupart, plus éloignées du Soleil que nos planètes. On peut rarement voir une comète, à moins d'utiliser un télescope ou des jumelles. La Comète de Halley est la plus connue. Elle passe près de la Terre à tous les 75 ans environ. Tu devras donc attendre jusqu'à 2062 pour la voir.

Les astéroïdes

Ces roches spatiales peuvent avoir la forme de boules, de plaques bosselées ou de briques. Un nombre considérable d'astéroïdes tournent autour du Soleil, formant une ceinture d'astéroïdes entre Mars et Jupiter.

Les astéroïdes de plus grande taille sont aussi gros que certaines de nos provinces. Un des astéroïdes a même sa propre lune. Cependant, la plupart des astéroïdes ont à peu près la taille d'une maison. Tu peux les voir avec des jumelles.

Les météoroïdes

De petits fragments d'astéroïdes ou de vieilles comètes peuvent devenir des météoroïdes. Quand ces fragments pénètrent l'atmosphère de la Terre, ils deviennent des météores. As-tu déjà vu une étoile filante? Alors, tu as vu un météore. Les météores se réchauffent et laissent une trace lumineuse en passant dans l'atmosphère. Si un météore heurte notre planète, on lui donne un autre nom : météorite.

Les météores sont très petits. Leur taille peut aller de celle d'un grain de sable à celle d'une balle de baseball. À certaines périodes de l'année, il arrive que de nombreux météoroïdes traversent l'atmosphère; ils forment alors une averse de météores. Tu peux les voir, rien qu'en regardant le ciel lors d'une nuit noire sans nuages.

Penses-y!

1. Place ces corps célestes par ordre de taille, du plus grand au plus petit : météoroïde, comète, astéroïde.

____

2. Peux-tu nommer une averse de météores? Explique son nom.

____

____

Expérience : Masse des astéroïdes

Un astéroïde de métal est-il plus lourd qu'un astéroïde de pierre? Tente cette expérience pour le savoir.

Tu as besoin

- d'une pierre un peu plus petite qu'une balle de golf
- de 200 pièces d'un cent
- d'une tasse à mesurer de 250 ml
- d'eau tiède
- de 2 petits contenants de yogourt vides

Marche à suivre

1. Place la pierre dans la tasse à mesurer et verses-y de l'eau jusqu'à la marque du 250 ml.
2. Retire la pierre sans renverser d'eau. Place la pierre dans un des contenants de yogourt.
3. Note le niveau de l'eau.
4. Mets des pièces d'un cent dans l'eau, une à la fois, jusqu'à ce que l'eau atteigne de nouveau la marque du 250 ml. Tu as maintenant un volume de pièces équivalant à celui de la pierre.
5. Vide la tasse et place les pièces de monnaie dans l'autre contenant de yogourt. Les deux contenants ont maintenant un même volume de pierre et de métal.
6. Tiens un contenant dans chaque main. Lequel est le plus lourd? Note les résultats.

Penses-y!

1. Calcule le volume de la pierre : 250 ml - nouveau niveau de l'eau = volume de la pierre.

___

2. Quelle matière était la plus lourde, la pierre ou le métal? ___

3. Qu'est-ce que cela indique au sujet des astéroïdes de pierre et de ceux de métal?

___

___

4. À ton avis, comment est la masse d'une comète par rapport à celle de ces deux types d'astéroïdes? Explique ta réponse.

___

___

Explore le ciel nocturne

Par une nuit très noire, lorsque le ciel est entièrement dégagé, tu pourrais voir 2500 étoiles. Tu pourrais aussi voir une bande blanchâtre qui traverse le ciel. Il s'agit de la faible luminosité produite par les autres 300 milliards d'étoiles de notre galaxie, la Voie lactée. Tu pourrais voir quelques-unes des planètes de notre système solaire. Et si tu as des jumelles ou un télescope, tu pourrais même apercevoir la nébuleuse d'Andromède.

Vénus est facile à voir dans le ciel. Le reflet du Soleil sur sa surface est si brillant qu'on pourrait croire qu'il s'agit d'une étoile. Mars et Jupiter peuvent aussi être faciles à trouver. Parfois, seules la Lune et Vénus sont plus brillantes que ces deux planètes. Cherche Mercule tôt dans la soirée ou tôt le matin, quand le Soleil se trouve sous l'horizon.

As-tu déjà imaginé que les nuages avaient la forme d'animaux? Parfois, les gens relient les points que sont les étoiles dans le ciel et imaginent aussi diverses formes. Beaucoup de cultures possèdent des récits traditionnels au sujet des formes qu'on peut voir dans le ciel nocturne. Certains parlent d'animaux magiques, et d'autres, de combats ou de dieux.

Penses-y!

1. a) Va dehors par une nuit étoilée et dessine ici ce que tu vois.

Date : ____________________ Heure : _____________ Direction : _________________________

b) Sers-toi d'une carte du ciel pour identifier les objets célestes que tu vois. Ajoute des étiquettes à ton dessin. Quelles planètes peux-tu voir? Peux-tu voir des satellites ou la Station spatiale internationale?

c) Compare ton dessin à celui d'une ou d'un camarade. Avez-vous vu les mêmes étoiles et les mêmes formes? Explique les différences remarquées.

2. a) Trouve quelqu'un qui peut te raconter une histoire au sujet des étoiles. Ou demande à la ou au bibliothécaire de t'aider à trouver des récits de partout dans le monde. Écris le récit de ton choix ou enregistre-le.

b) Combien de récits différents ta classe a-t-elle trouvés? Crée un fichier balado ou un spectacle de marionnettes pour raconter tes histoires préférées.

Les astronautes et les voyages spatiaux

Dans l'espace, on ne ressent pas la gravité. Il fait extrêmement froid et il n'y a aucune atmosphère qui te permette de respirer ou te protège des rayons du Soleil. Il faut énormément d'énergie pour arriver jusque-là, et on doit emporter avec soi tout ce dont on aura besoin, y compris de l'air. L'espace est un environnement extrême.

La première personne dans l'espace a tourné autour de la Terre pendant moins de deux heures, en 1957. Moins de 40 ans plus tard, un autre astronaute a passé 438 jours dans l'espace, un record. Les voyages spatiaux ont beaucoup changé depuis le tout premier. De 1969 à 1972, 12 astronautes ont posé le pied sur la Lune. Ce sont les seules occasions où un être humain a posé le pied ailleurs que sur la Terre.

Une fois qu'un véhicule spatial quitte la Terre, sa fonction la plus importante est le maintien des fonctions vitales des astronautes. Le véhicule doit pouvoir purifier l'air que respirent les astronautes et fournir de la chaleur. Il doit protéger son contenu de tous les types de rayons provenant du Soleil. Dans un véhicule spatial, il faut tenir compte de la microgravité. Les outils sont fixés à des surfaces afin de ne pas flotter. Il est difficile de boire un liquide. En effet, c'est la force gravitationnelle qui fait qu'un liquide reste dans un verre. Sans gravité, le liquide flotte sous forme de boule. Les astronautes doivent manger de la nourriture sortant de contenants qui l'empêchent de se mettre à flotter. Le matériel à bord doit aussi être protégé des miettes de nourriture.

La force gravitationnelle de la Terre fait travailler tes muscles. L'exercice qui en résulte aide le sang à circuler dans ton corps. Dans l'espace, le sang ne circule pas aussi bien. Le manque d'exercice peut causer une réduction de la masse musculaire et osseuse. Les astronautes doivent s'attacher aux appareils d'exercice pour se garder en forme sans se mettre à flotter!

Réfléchis bien

Nomme quatre traits de caractère que doit posséder une personne qui veut devenir astronaute. Justifie ton choix de traits de caractère.

____

____

____

____

« Les astronautes et les voyages spatiaux » - Penses-y!

1. Dresse une liste de 10 objets dont tu aurais besoin dans l'espace. Explique ton choix.

2. Quelles sont les plus importantes caractéristiques d'un véhicule spatial? N'oublie pas qu'il doit fournir aux astronautes tout ce dont ils ont besoin pendant leur séjour dans l'espace.

Réfléchis bien

Certains des objets que nous utilisons sur Terre ont été conçus pour les voyages spatiaux. Les caméras thermiques, les matériaux isolants, les multivitamines et les outils sans fil n'en sont que quelques exemples. Fais une recherche dans des livres ou dans Internet pour trouver de l'information sur une telle invention. Conçois une présentation montrant l'utilité de l'objet sur Terre.

Autres engins spatiaux

Les satellites

Le premier voyage dans l'espace a été celui d'un satellite appelé *Sputnik* (mot russe signifiant « compagnon de voyage »). Ce satellite a été lancé en 1957 et a pu recueillir de l'information sur l'atmosphère de la Terre. Aujourd'hui, 3000 satellites environ tournent autour de notre planète. Ils transportent du matériel facilitant les télécommunications. Certains satellites servent à observer les phénomènes naturels. D'autres envoient des données à nos systèmes GPS. D'autres encore prennent des photos de la Terre et des étoiles. L'un des gros satellites est un télescope.

Les sondes

La sonde spatiale Pioneer 10 a été lancée en 1972. Il s'agissait du premier engin spatial à voler près de Jupiter. La sonde a renvoyé les premières images gros plan de Jupiter, puis a continué son voyage dans notre système solaire. Son dernier signal a été reçu en 2003. La sonde effectue un voyage de 2 millions d'années vers une étoile.

Des sondes se sont aussi posées sur des planètes. Certaines, comme les rovers ou astromobiles, se déplacent sur la surface. En 1997, le rover Sojourner s'est posé sur Mars, une première. Pendant plus de deux mois, il a renvoyé des images de Mars. Il a aussi fourni de l'information sur les substances chimiques présentes dans la roche et le sol, et sur le temps qu'il fait sur la planète rouge.

Les télescopes

Les télescopes spatiaux constituent une autre méthode d'exploration du système solaire par les scientifiques. Le télescope Hubble a été lancé en orbite en 1990. Il a renvoyé de l'information sur le passé et l'avenir de l'univers. Hubble fournit des images plus claires qu'un télescope sur Terre parce qu'aucune atmosphère ne les brouille. Ce télescope fonctionne à l'énergie solaire et peut être réparé dans l'espace.

La Station spatiale internationale (SSI)

Il s'agit de l'engin spatial le plus gros et le plus cher jamais construit. La SSI est l'un des satellites artificiels de la Terre, mais elle abrite aussi des équipes d'astronautes. Elle est si grosse qu'on peut la voir briller quand elle traverse le ciel nocturne. La première partie de la SSI a été lancée en 1998. Aujourd'hui, elle comporte des panneaux solaires pour l'énergie, des secteurs d'habitation et des laboratoires scientifiques.

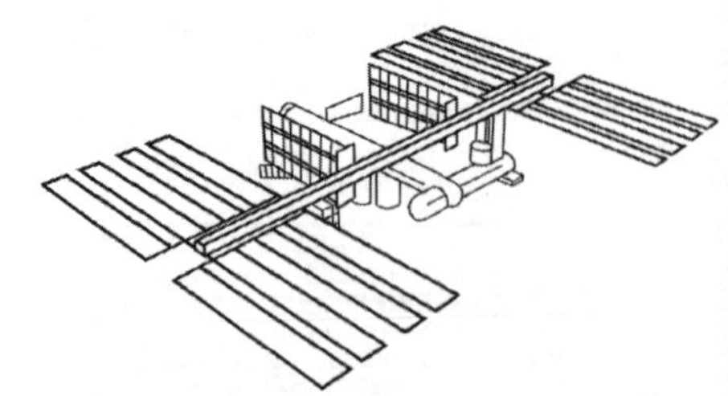

Station spatiale internationale (SSI)

Des navettes spatiales font l'aller-retour entre la Terre et la SSI, transportant de l'eau, de la nourriture, du matériel et des membres d'équipage. Les États-Unis, la Russie, le Canada, le Japon et quelques pays européens ont tous contribué à la construction de la SSI. La SSI pourrait un jour servir de base de lancement pour une mission vers la Lune, Mars ou ailleurs dans l'espace.

« Autres engins spatiaux » - Penses-y!

1. Quels sont les avantages et les inconvénients d'engins spatiaux en orbite ou d'engins qui se posent sur une autre planète?

2. Imagine que tu dois concevoir un rover servant à explorer une nouvelle planète. Nomme trois choses que ton rover devra comporter. Nomme deux des fonctions qu'il aura.

3. Un module atterrisseur est un engin spatial destiné à se poser sur une autre planète. Quels avantages un rover a-t-il sur un module atterrisseur fixe?

Réfléchis bien

Penses-tu parfois que la lumière que tu vois dans le ciel nocturne est l'une des lumières d'un avion? Il pourrait plutôt s'agir de la Station spatiale internationale (SSI). Ce pourrait aussi être un satellite. Les satellites reflètent la lumière du Soleil, tout comme les planètes.

Va dehors juste après le coucher du soleil ou avant son lever. C'est à ces moments-là que la SSI est illuminée par le Soleil alors que, toi, tu es dans le noir. Tu ne peux pas voir la SSI à d'autres moments. Va en ligne pour obtenir plus d'information sur la direction où regarder pour voir la SSI.

Le Canada dans l'espace

Marc Garneau

Marc Garneau a été le premier homme canadien dans l'espace. Il est la seule personne canadienne à s'y être rendue trois fois. Il a fait son premier voyage spatial en 1984 à bord de la navette *Challenger*. Il est retourné dans l'espace en 1996 et en 2000, à bord de la navette *Endeavour*. Au cours de son dernier voyage, il a fait un séjour dans la SSI et s'est servi du Canadarm pour installer des panneaux solaires.

Roberta Bondar

Roberta Bondar a été la première femme canadienne à aller dans l'espace. Elle s'intéressait déjà aux voyages spatiaux à un très jeune âge. Elle est plus tard devenue neurologiste (spécialiste du système nerveux). En 1992, elle est allée dans l'espace à bord de la navette *Discovery*. Elle y a mené des expériences sur les effets qu'ont les voyages spatiaux sur le corps humain. Par la suite, elle a dirigé le service de médecine aérospatiale de la NASA. Aujourd'hui, Roberta Bondar agit à titre de consultante. Elle est aussi une photographe de grand talent.

Chris Hadfield

Chris Hadfield a connu plusieurs premières dans sa carrière. Il a été le premier homme canadien à effectuer une sortie dans l'espace et à manœuvrer le Canadarm2. Il a aussi été le seul homme canadien à monter à bord de la station spatiale russe, Mir. Chris Hadfield était pilote d'essai avant de devenir astronaute. Il dit qu'il faut être fort et en forme pour faire une sortie dans l'espace. Selon lui, exécuter des tâches pendant qu'on porte une combinaison spatiale est un peu comme travailler en portant une armure. Chris Hadfield compte faire d'autres voyages dans l'espace. Il aimerait aussi faire partie des premiers astronautes qui effectueront le premier long voyage jusqu'à Mars.

Julie Payette

Julie Payette est allée dans l'espace à deux reprises. En 1999, elle a voyagé dans la navette *Discovery* jusqu'à la SSI, où elle a fait un séjour. En 2009, elle était ingénieure de vol à bord de la navette *Endeavour*. Elle a été astronaute en chef de l'Agence spatiale canadienne de 2000 à 2007. Julie Payette est aussi une chanteuse et pianiste de grand talent.

Autres astronautes

Les autres astronautes canadiens comprennent Stephen MacLean, un physicien spécialiste du laser, qui a voyagé dans l'espace en 1992 et en 2006. Robert Thirsk a fait un séjour de six mois dans la SSI en 2009. Il a été le premier homme canadien à rester aussi longtemps dans l'espace. Dave Williams a été membre d'équipage de la navette *Endeavour* en 2007. Il a fait trois sorties dans l'espace, plus que tous les autres astronautes canadiens. Bjarni Tryggvason a participé au vol de la navette *Discovery* en 1997, au cours duquel il a mené des expériences sur les effets des vibrations présentes dans la navette.

Le Canadarm

Le Canadien le plus célèbre pour ce qui est des séjours dans l'espace est sans aucun doute le Canadarm. Le Canadarm est un télémanipulateur fixé à un engin spatial. Il peut saisir, réparer et lancer des satellites, maintenir des astronautes en place lors d'une sortie, tenir du matériel et déplacer des chargements.

Le Canadarm a été lancé pour la première fois en 1981. Ce bras articulé peut déplacer du matériel pesant jusqu'à 30 000 kg. Grâce à son système d'isolation à plusieurs couches, il peut résister à l'environnement rigoureux que constitue l'espace. En 2001, on a lancé Canadarm2. Lorsqu'il est complètement allongé, le bras mesure 17 mètres, soit environ deux mètres de plus que le premier Canadarm. Canadarm2 a joué un rôle important dans la construction de la SSI. Le premier Canadarm a été mis à la retraite en 2011.

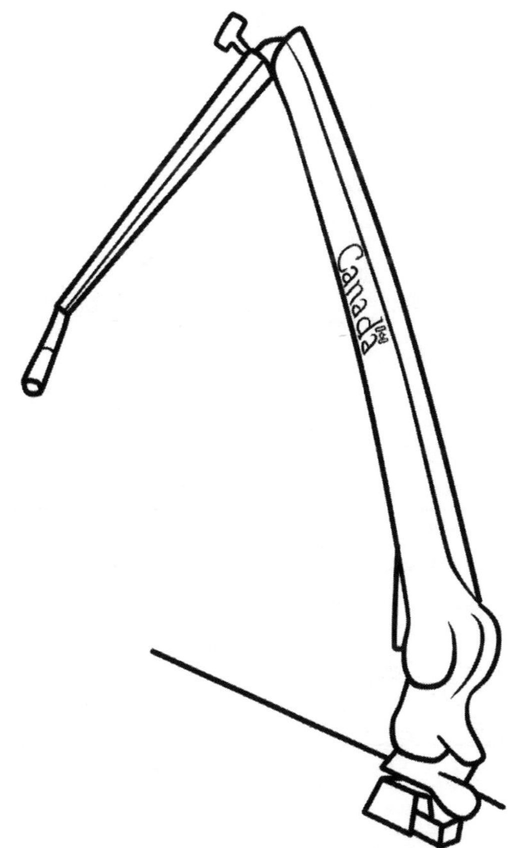

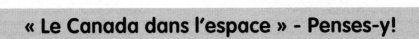

« Le Canada dans l'espace » - Penses-y!

1. Remets dans l'ordre les lettres de noms d'astronautes canadiens.

a) CRAM EARUANG ______________________________

b) TABERRO RABDON ______________________________

c) TREBRO SHKIRT ______________________________

d) SHRIC FLAHEDID ______________________________

e) PETSNEH ECANALM ______________________________

f) LUIEJ TEAPTEY ______________________________

g) VEAD SWALIMIL ______________________________

h) RAJNIB STYNAVGORG ______________________________

2. Aimerais-tu devenir astronaute? Pourquoi? Quel serait le plus grand défi que tu aurais à surmonter? Qu'aimerais-tu le plus des voyages dans l'espace?

____

____

____

____

____

3. La carrière d'astronaute n'est qu'une des carrières qu'on peut mener si l'on s'intéresse au domaine de l'espace. Quelles autres carrières peut-on choisir dans ce domaine?

____

____

____

____

La technologie spatiale

Les voyages spatiaux ont changé notre vie de manières qu'on n'aurait jamais pu imaginer. Des lunettes de soleil aux chaussures de randonnée, les technologies de l'espace ont une influence sur divers aspects de notre vie.

À quoi ont servi ces dispositifs dans l'espace?

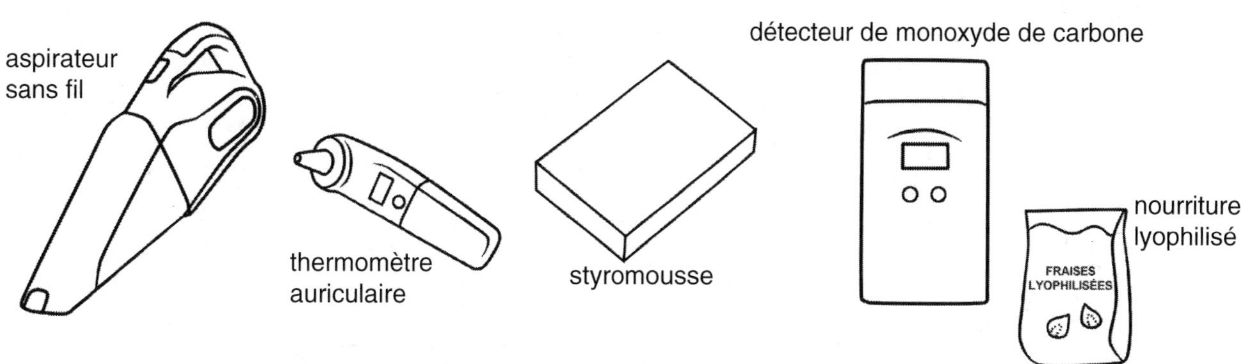

Tu sais probablement déjà que les satellites transmettent des signaux de radio et de télévision partout sur la planète. D'autres satellites facilitent la navigation. Beaucoup de voitures comportent aujourd'hui un système de localisation GPS. D'autres produits tirés des technologies spatiales comprennent les verres inrayables des lunettes et diverses applications médicales. Les cristaux d'insuline (pour combattre le diabète) ont été développés dans l'espace. Une technologie utilisée dans les pompes à carburant des navettes est aujourd'hui utilisée pour les cœurs artificiels.

Les technologies développées dans l'espace sont très utiles, mais l'exploration spatiale coûte très cher. Il faut beaucoup d'argent pour envoyer une ou un astronaute dans l'espace. Une toilette de la SSI coûte, à elle seule, 19 millions de dollars. Les vêtements des astronautes ne peuvent pas être nettoyés, alors ces tenues coûteuses sont tout simplement jetées. Est-ce vraiment une bonne façon pour un gouvernement d'utiliser ses ressources?

Sur Terre, on a désespérément besoin d'argent pour améliorer les soins médicaux et d'autres services. On en a aussi besoin pour aider l'environnement. Est-il bien de consacrer des fonds à l'exploration spatiale quand on en a besoin ailleurs? Les programmes spatiaux constituent-ils seulement une façon pour un pays de se montrer supérieur aux autres parce que sa technologie spatiale est plus avancée?

Les voyages spatiaux créent aussi beaucoup de pollution. Le lancement d'un engin spatial nécessite beaucoup de carburant, alors que les gens essaient d'économiser l'essence. L'exploration spatiale ajoute aussi aux déchets qui tournent autour de la Terre et pourraient un jour tomber sur la planète. Certains déchets sont plus gros qu'une voiture. Même des morceaux aussi petits qu'une particule de peinture peuvent endommager des engins spatiaux étant donné la vitesse à laquelle ils se déplacent.

L'exploration spatiale peut aussi se révéler désastreuse. Bien qu'on en planifie soigneusement tous les aspects, il se produit parfois des tragédies. En 1986, la navette *Challenger* a explosé peu après son lancement. En 2003, la navette *Columbia* s'est désintégrée dans l'atmosphère en rentrant sur Terre. Dans les deux cas, les sept membres d'équipage ont perdu la vie.

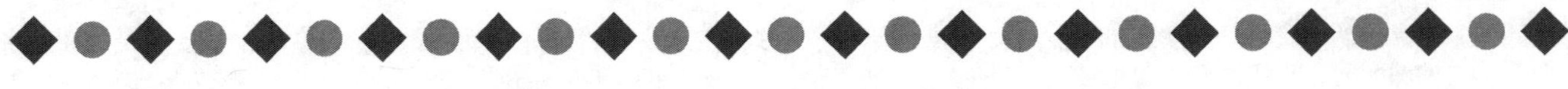

« La technologie spatiale » - Penses-y!

1. Que penses-tu de la technologie et de l'exploration spatiales? Quels en sont les avantages? Les avantages l'emportent-ils sur les coûts? Crois-tu que la vie sur Terre serait meilleure ou pire sans l'exploration spatiale? Rédige un paragraphe pour exprimer ton opinion.

____

____

____

____

____

____

2. La technologie spatiale a aussi eu des effets sur notre nourriture. Les aliments que vont consommer les astronautes sont conservés de six façons principales. Associe chaque méthode à sa description.

a) Frais

b) À humidité moyenne

c) Irradiés

d) Naturels

e) Réhydratables

f) Thermostabilisés

i) Les aliments sont lyophilisés pour en retirer l'eau. On leur rajoute de l'eau avant de les manger.

ii) Une partie de l'eau est retirée des aliments. On ne leur rajoute pas d'eau avant de les manger.

iii) Les aliments sont cuits, puis emballés dans des sachets d'aluminium. On les stérilise en les soumettant à des radiations, afin de pouvoir les garder à la température de la pièce.

iv) On fait chauffer les aliments pour tuer les bactéries et pouvoir garder les aliments à la température de la pièce.

v) Les aliments sont prêts à manger et emballés dans des sachets souples.

vi) Les aliments ne contiennent aucun agent de conservation et doivent donc être consommés très vite.

3. Imagine que tu explores un océan à bord d'un sous-marin. En quoi cela ressemblerait-il à la vie dans l'espace?

____

____

____

____

____

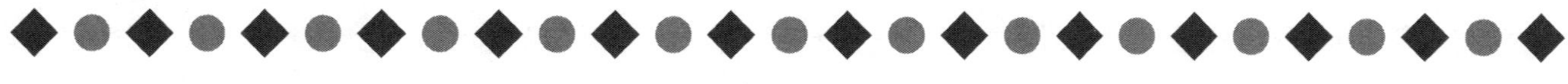

Les animaux dans l'espace – Acceptable ou non?

Chats, chiens, grenouilles, cochons d'Inde et singes... Savais-tu que tous ces animaux ont voyagé dans l'espace?

Avant qu'une personne se rende pour la première fois dans l'espace, il était impossible de savoir quels effets un tel voyage aurait sur un être humain. Les astronautes survivraient-ils au lancement et à la rentrée dans l'atmosphère? Survivraient-ils aux radiations? Quels effets la microgravité aurait-elle sur eux?

Les scientifiques savaient qu'aucun engin lancé dans l'espace ne pourrait leur fournir de réponses à ces questions. Ils ont donc décidé d'envoyer d'abord des animaux dans l'espace.

En 1957, des scientifiques russes ont lancé un engin spatial ayant à son bord un chien nommé Laika. Laika a été le premier animal à voyager autour de la Terre. Les scientifiques avaient choisi un chien parce qu'ils étaient d'avis qu'il pourrait endurer les longues périodes d'inactivité associées à ce type de voyage. Malheureusement, Laika est morte quand l'engin spatial a surchauffé.

Aujourd'hui, on emmène encore des animaux dans l'espace pour les utiliser dans des expériences. On veut savoir, par exemple, si flotter dans l'espace désoriente les animaux. Laura Lewis, membre d'un comité de la NASA qui mène des expériences avec des animaux, a étudié cette question. Elle a découvert que les souris s'adaptent très vite à cette situation. Quelques minutes après le début de l'expérience, les souris faisaient leur toilette et mangeaient.

Penses-y!

Envoyer des animaux dans l'espace est-il une pratique acceptable? Pourquoi? Si tu as répondu non, y a-t-il des situations où tu trouverais cette pratique acceptable? Explique ta réponse.

Mots croisés - Les corps célestes

Trouve les réponses afin de pouvoir remplir la grille de mots croisés à la page suivante.

Horizontalement

1. Planète qui a à peu près le même diamètre que la Terre
4. Trajet que suit un corps céleste autour d'un autre corps céleste
5. Nom que prend un météoroïde quand il pénètre l'atmosphère de la Terre
6. Planète célèbre pour ses énormes anneaux
8. Se compose du Soleil et des planètes
11. Planète couchée dans sa rotation
12. Satellite naturel
14. Le gaz à sa surface forme une longue queue visible dans le ciel nocturne
15. Planète recouverte en grande partie d'eau
17. Corps céleste qui tourne autour du Soleil et peut être aussi gros qu'une province

Verticalement

2. Le plus gros corps céleste dans notre système solaire
3. On en forme une lorsqu'on relie certaines étoiles dans le ciel
9. N'ayant pas d'atmosphère, cette planète connaît des variations extrêmes de températures au cours d'un même jour
10. Énorme planète gazeuse
13. La Voie lactée en est une
16. Planète rouge

suite à la page suivante

Réfléchis bien

On t'a donné, à la page 66, une phrase pour te rappeler l'ordre des planètes, en commençant par la plus rapprochée du Soleil (Mercure, Vénus, Terre, Mars, Jupiter, Saturne, Uranus, Neptune). Compose, à ton tour, une phrase qui te rappellera l'ordre des planètes. Dans ta phrase, la première lettre de chaque mot doit être la première lettre du nom d'une planète.

Mots croisés - Les corps célestes (suite)

Sers-toi des indices à la page 82 pour remplir cette grille de mots croisés.

Brochure de sciences

Une brochure est un livret qui contient des renseignements descriptifs. Choisis un domaine des sciences que tu as étudié ou qui t'intéresse.

1re étape : Planifie ta brochure	Date où la tâche a été complétée
1. Prends une feuille de papier et plie-la de la façon dont ta brochure sera pliée.	
2. Avant d'écrire l'information, fais un plan au crayon à mine. • Écris le titre de chaque section, là où tu veux placer la section dans ta brochure. • Laisse de l'espace sous le titre pour écrire de l'information. • Laisse de l'espace pour des diagrammes ou des images.	

2e étape : Écris ton brouillon	Date où la tâche a été complétée
1. Cherche l'information dont tu as besoin pour chaque section de ta brochure.	
2. Relis ton brouillon, puis ajoute, efface ou change des mots pour l'améliorer.	

3e étape : Fais une révision finale

- ☐ J'ai vérifié l'orthographe.
- ☐ J'ai vérifié la ponctuation.
- ☐ Mes phrases sont claires.
- ☐ Ma brochure est propre et bien organisée.
- ☐ J'ai ajouté des dessins.
- ☐ Ma brochure est attrayante.

Liste de vérification de ma présentation orale en sciences

Sers-toi de la liste de vérification ci-dessous en préparant ta présentation orale en sciences.

Sujet relié aux sciences : ______________________________

De quelle durée doit être ta présentation? ______________________

L'introduction

- ❑ J'ai présenté mon sujet d'une manière accrocheuse au moyen
  - ❑ d'une citation
  - ❑ de statistiques
  - ❑ d'un exemple
  - ❑ d'une question
- ❑ J'ai annoncé le sujet de ma présentation en une à trois phrases.

Le corps

- ❑ Chacune de mes idées clés s'appuie sur des détails, des exemples ou des descriptions.
- ❑ Mes idées sont écrites de la façon dont je les présenterais si je les expliquais ou les exprimais à quelqu'un au cours d'une conversation.
- ❑ J'ai lu à haute voix ce que j'ai écrit.

Conseil : Tu n'as pas à faire des phrases complètes. Écris ton texte de la façon dont tu t'exprimes.

La conclusion

- ❑ J'ai résumé mes idées principales.
- ❑ J'ai terminé ma présentation d'une manière accrocheuse au moyen
  - ❑ d'une citation
  - ❑ de statistiques
  - ❑ d'une question

Conseils pour ta présentation

- Répète ta présentation jusqu'à ce que tu puisses la faire avec aisance.
- Surligne les parties de ton texte où tu aimerais mettre l'accent sur une idée quelconque ou t'interrompre brièvement pour faire de l'effet.
- N'oublie pas de faire des gestes et de maintenir le contact visuel avec ton auditoire ou la caméra.
- Parle d'une voix assurée et de manière à exprimer ton enthousiasme ou tes émotions.

Exprime ton opinion

Rédige un article qui exprime ton opinion au sujet d'une question reliée aux sciences. Sers-toi du plan ci-dessous pour préparer ton article. Rédige ta production finale sur une autre feuille de papier.

Énonce ton opinion	
Idée principale	**Preuve à l'appui**
Idée principale	**Preuve à l'appui**
Idée principale	**Preuve à l'appui**

Spécialiste des sciences!

Tu es formidable!

Excellent travail!

Continue tes efforts!

Grille d'évaluation - Sciences

	Niveau 1 Rendement inférieur aux attentes	Niveau 2 Rendement se rapproche des attentes	Niveau 3 Satisfait les attentes	Niveau 4 Surpasse les attentes
Connaissance des concepts	• L'élève démontre une compréhension limitée des concepts. • L'élève donne rarement des explications complètes. • L'élève a besoin de beaucoup d'aide de la part de l'enseignant(e).	• L'élève démontre une compréhension satisfaisante de la plupart des concepts. • L'élève donne parfois des explications appropriées mais incomplètes. • L'élève a parfois besoin de l'aide de l'enseignant(e).	• L'élève démontre une grande compréhension de la plupart des concepts. • L'élève donne habituellement des explications complètes ou presque complètes. • L'élève a besoin de peu d'aide de l'enseignant(e).	• L'élève démontre une compréhension solide de presque tous les concepts. • L'élève donne presque toujours des explications appropriées et complètes, sans aide. • L'élève n'a pas besoin de l'aide de l'enseignant(e).
Mise en application des concepts	• L'élève établit des liens entre les concepts et le monde réel avec beaucoup d'aide de la part de l'enseignant(e). • L'élève met rarement les concepts en application de manière appropriée et précise.	• L'élève établit des liens entre les concepts et le monde réel avec l'aide de l'enseignant(e). • L'élève met parfois les concepts en application de manière appropriée et précise.	• L'élève établit des liens entre les concepts et le monde réel avec peu d'aide de l'enseignant(e). • L'élève met habituellement les concepts en application de manière appropriée et précise.	• L'élève établit, sans aide, des liens entre les concepts et le monde réel. • L'élève met presque toujours les concepts en application de manière appropriée et précise.
Communication écrite des idées	• L'élève utilise peu le processus de la pensée critique pour exprimer ses idées. • Peu de ses idées sont bien organisées et efficaces.	• L'élève utilise parfois le processus de la pensée critique pour exprimer ses idées. • Certaines de ses idées sont bien organisées et efficaces.	• L'élève utilise bien le processus de la pensée critique pour exprimer ses idées. • La plupart de ses idées sont bien organisées et efficaces.	• L'élève utilise efficacement le processus de la pensée critique pour exprimer ses idées. • Ses idées sont toujours bien organisées et efficaces.
Communication orale des idées	• L'élève utilise rarement la terminologie appropriée dans les discussions.	• L'élève utilise parfois la terminologie appropriée dans les discussions.	• L'élève utilise habituellement la terminologie appropriée dans les discussions.	• L'élève utilise presque toujours la terminologie appropriée dans les discussions.

Remarques : ____

____

Domaine des sciences ____________________

Nom de l'élève	Connaissance des concepts	Mise en application des concepts	Communication écrite des idées	Communication orale des idées	Note générale

Module : La biodiversité

Les êtres vivants, pages 2-3

1. Exemple de réponse : Un lapin est un être vivant parce qu'il se compose de nombreuses cellules. Il boit de l'eau et se nourrit de plantes et d'herbes. En mangeant et en buvant, il obtient l'énergie qui lui permet de croître jusqu'à l'âge adulte. Il respire l'air afin d'obtenir de l'oxygène. Il réagit à son environnement en s'enfuyant lorsqu'on le pourchasse. Les lapins peuvent se reproduire.
2. anneau d'or : roche; fromage : lait d'une vache ou d'une chèvre; papier : arbre; écharpe de laine : mouton; bocal de verre : silice. Aucun des éléments n'est vivant.
3. Exemple de réponse : Les rouges-gorges creusent le sol pour trouver des vers de terre et des insectes. Ils mangent des petits fruits qui poussent sur des arbustes. Ils boivent l'eau des flaques.
4. La température est un élément de l'habitat. Un habitat fournit à un organisme tout ce dont il a besoin pour survivre, y compris une température appropriée.

Classification des organismes, pages 4-5

1. Exemple de réponse : Les scientifiques en ont appris davantage sur les organismes. Ce qu'ils ont découvert ne correspondait peut-être pas à l'ancien système. Ils ont donc dû le changer.
2. Si les scientifiques utilisaient différents systèmes de classification, il serait difficile pour eux de se communiquer de l'information.
3. Exemple de réponse :

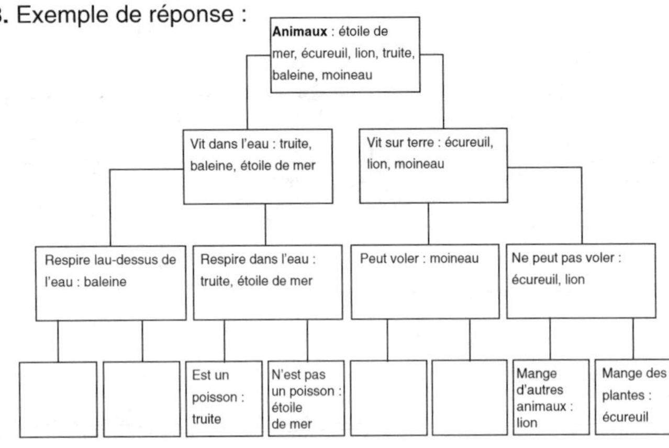

Le règne animal, pages 6-7

1. Parce qu'il possède les mêmes caractéristiques que tous les autres animaux : il se compose de nombreuses cellules, il mange d'autres organismes comme des mouches, il se déplace lui-même et il pond des œufs pour se reproduire.
2. Exemple de réponse : Les vertébrés sont plus visibles.
3. Parce qu'ils ont tous des pattes articulées et des exosquelettes.
4. Ils ont des ailes.
5. Exemple de réponse :

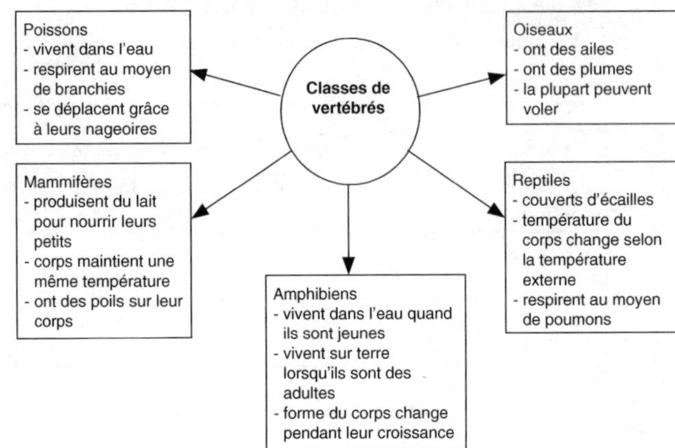

Les règnes négligés, pages 8-9

Exemple de réponse :

	Structure des cellules	Façons de se nourrir	Exemples d'organismes	Habitat	Ce qu'ils font et effets sur nous
Monères	- unicellulaires - structure cellulaire la plus simple	- absorbent des éléments nutritifs provenant de l'extérieur de leur corps	- bactéries	- partout - dans l'air, le sol, l'eau, dans des températures extrêmes et des environnements chimiques	- transforment le lait en fromage et en yogourt - nous gardent en santé - nous rendent malades - décomposent les déchets - utiles dans la fabrication des médicaments
Protistes	- surtout unicellulaires - structure cellulaire plus complexe que celle des monères	- certains fabriquent leur propre nourriture - certains absorbent des éléments nutritifs - certains se nourrissent d'autres organismes	- algues - amibes - moisissures visqueuses	- surtout dans l'eau - dans le sol humide - dans le corps d'animaux mortss	- causent de la diarrhée et des maux d'estomac - l'un d'eux cause la malaria - les algues sont à la base de la pyramide alimentaire
Champignons	- surtout multicellulaires	- absorbent les éléments nutritifs de plantes et d'animaux morts	- champignons - champignons vénéneux - moisissures - truffes - levure	- surtout sur terre dans des endroits sombres et humides	- utiles dans la fabrication d'antibiotiques - nous en mangeons certains - causent des maladies chez les gens et les plantes - utilisés dans la cuisson

Les cellules : les composantes de tous les organismes, pages 10-11

1. Les deux sont vivants et exercent des fonctions permettant leur survie : absorbent des éléments nutritifs, produisent de l'énergie, se débarrassent de déchets, font des tâches et se reproduisent.
2. Les réponses varieront.

La biodiversité, pages 12-13

1. Dans les deux, les éléments sont classés selon leurs caractéristiques. Les deux systèmes commencent par de grands groupes qui se subdivisent en groupes de plus en plus petits.
2. Assurez-vous que les brochures des élèves mentionnent les endroits où on trouve le biome dans le monde, son climat, les plantes et animaux qui y vivent, un exemple d'une chaîne alimentaire et des faits intéressants au sujet du biome.
3. Les dessins doivent montrer divers arbres à feuilles caduques, petits arbustes et fleurs sauvages. Les animaux peuvent comprendre le chevreuil, le raton laveur, le renard et des oiseaux. Les matières non vivantes comprendront de l'eau, de l'air et des roches.
4. Les deux communautés comprennent des êtres vivants et des matières non vivantes. Les êtres vivants interagissent entre eux et s'entraident. Les êtres vivants dépendent d'autres êtres vivants pour leur nourriture. Ils dépendent aussi de matières non vivantes telles que d'un abri, d'outils et d'autres choses dont ils ont besoin.
5. Exemple de réponse : Les êtres humains obtiennent des choses comme du bois pour construire leurs maisons et leurs meubles, ainsi que différentes sources d'alimentation qui peuvent survivre à diverses conditions.

Interactions entre les espèces, pages 14-15

1. Le maïs est à la base parce qu'il s'agit d'une plante. La souris vient ensuite parce qu'elle mange le maïs. Puis c'est le serpent qui se nourrit de souris. Le faucon est au sommet parce qu'il mange le serpent.
2. a) Commensalisme. La mauvaise herbe peut ainsi répandre ses graines et se reproduire. Ses aigrettes n'ont aucun effet sur les organismes qui les transportent.
   b) Mutualisme. La bactérie obtient de la nourriture. Les êtres humains peuvent digérer la nourriture avec l'aide des bactéries.
   c) Parasitisme. La tique obtient de la nourriture, mais l'animal se fait piquer et perd du sang.
3. Exemple de réponse : Les espèces envahissantes peuvent exterminer les espèces existantes. Les organismes qui se nourrissaient de ces dernières pourraient en souffrir et même en mourir. Si les nouvelles espèces ne sont menacées par aucun prédateur dans leur nouvel habitat, leur population pourrait augmenter rapidement. Il pourrait y avoir une si grande population que leur habitat ne pourrait plus satisfaire à leurs besoins. Dans ce cas, l'habitat serait modifié, ce qui aurait un impact sur tous les autres organismes.

Les adaptations, pages 16-17

1. Exemple de réponse : Le pissenlit a une longue racine qui descend tout droit dans le sol. Il est donc difficile de l'arracher. Le pissenlit peut repousser à partir de morceaux de racines laissés derrière. Les porcs-épics ont des griffes solides qui les aident à trouver leur nourriture dans le sol.
2. a) À l'abri du temps chaud.
   b) Peut utiliser ses dents avant sous l'eau sans avaler d'eau.
   c) Peut voir au-dessus de l'eau quand la plus grande partie de son corps est sous l'eau.
3. Les dessins peuvent montrer des adaptations reliées à la recherche de nourriture, au mouvement et à l'autodéfense.

La biodiversité profite aux êtres humains, pages 18-19

1. Exemples de catégories : Nourriture provenant des plantes, Nourriture provenant des animaux, Vêtements, Médicaments
2. Il est plus facile de ne s'occuper que d'un type de culture dont on connaît les exigences. Il est aussi plus facile de ne récolter qu'un type de plantes qui arrivent toutes à maturité au même moment et sont toutes de la même taille.
3. La pelouse survivra tant au temps sec qu'au temps humide.

Qu'en penses-tu? page 20

Exemples de réponses :

1. Planter des fleurs qui attirent les abeilles ou les colibris; placer un bain d'oiseaux dans la cour.
2. Organiser une exposition où seraient montrés divers habitats afin d'informer les autres de leur importance; planter des plantes indigènes dans la cour de l'école.
3. Encourager les gens à planter diverses espèces de plantes qui attirent diverses espèces d'animaux et qui subviennent à leurs besoins; restaurer et préserver des habitats locaux.
4. Planter des arbres le long des routes; créer plus d'espaces verts; empêcher que des habitats soient détruits pour permettre la construction de routes ou de maisons; s'assurer que tout nouveau projet de construction prévoit des espaces verts.

Mots croisés - La biodiversité, page 21

Horizontalement : 2. comportementale 5. air 7. invertébrés 10. biodiversité

Verticalement : 1. vertébrés 3. organisme 6. cellule 8. vivant 9. règne

Phrases : Encouragez les élèves à écrire des phrases qui ne répètent pas les indices des mots croisés. Par exemple : Une plante, un écureuil et une amibe sont tous des exemples d'organismes.

Module : Les propriétés de l'air et les caractéristiques du vol

Tout sur l'air, pages 22-23

1. Exemples de réponses : L'air peut se déplacer et peut déplacer d'autres choses; le vent en est un exemple. L'air a une température; tu peux sentir une brise tiède. L'air chaud monte; il fait plus chaud en haut dans la maison par une journée chaude. L'air retient l'humidité; on peut s'en rendre compte pendant une journée humide.
2. a) Elle réchauffe l'air dans la bouteille.
   b) L'air dans la bouteille s'est étendu et a pénétré dans le ballon. J'ai pu voir le ballon se gonfler.
   c) L'air se dilate quand on le réchauffe.
   d) Le ballon se dégonflerait parce que l'air se rafraîchirait et occuperait moins d'espace.

En plein vol, pages 24-25

1. a) portance, décolle
   b) plus, traînée
   c) poids, atterrisse
   d) poussée, petite
2. a) portance
   b) poids
   c) poussée
   d) traînée

Une brève histoire du vol, pages 26-27

Exemple de réponse :

Quand	Qui	Réalisations
250	Chinois	- ont lancé des montgolfières sans équipage qui servaient de signaux militaires
1500	Léonard de Vinci	- a esquissé des machines ressemblant à des avions
1738	Daniel Bernoulli	- a énoncé le principe qui explique comment les ailes créent une portance
1783	Joseph et Étienne Montgolfier	- ont lancé la première montgolfière ayant des passagers à son bord
1849	Sir George Cayley	- a volé dans le premier planeur avec pilote
1896	Otto Lilienthal	- a fait environ 2000 vols en planeur
1903	Orville et Wilbur Wright	- ont effectué le premier vol motorisé et dirigé

Voler dans le ciel, pages 28-29

1. Le volet modifie la forme de l'aile, ce qui ajoute à la traînée.
2. À plat, afin que la traînée soit moindre.
3. Elle ou il incline les volets d'une aile vers le haut, et ceux de l'autre aile vers le bas. Le vent pousse donc les ailes dans des directions opposées.
4. Un oiseau pourrait incliner l'arrière de ses ailes vers le bas pour augmenter la traînée et ainsi ralentir.
5. la poussée

Expérience : Construction d'un aéronef, page 30

Les résultats varieront. Vérifiez que les élèves ont mis en application ou évalué les forces du vol avec leur aéronef.

Des avions motorisés, page 31

Exemple de réponse : Un hélicoptère ne nécessite pas de piste. Il peut planer sur place et effectuer des manœuvres plus précises.

Aéronefs sans moteur, page 32

1. Exemple de réponse : Le vent détermine leur direction, elles ne se déplacent pas rapidement, elles peuvent transporter très peu de passagers.
2. Ni l'un ni l'autre n'a de moteur; leur forme et les matériaux utilisés pour les construire sont semblables.

Les voyages spatiaux, pages 33-34

1. a) le moteur
   b) l'air qui pousse vers le haut sur le fuselage (en très petite partie)
   c) l'air qui passe le long du fuselage
   d) la Terre
2. Exemple de réponse : Quantité suffisante de nourriture, d'eau et d'oxygène, évacuation des déchets, effets de la microgravité et des radiations, ennui, traitement de problèmes médicaux graves au cours du voyage.
3. Exemple de réponse : Les satellites coûtent cher à construire, à lancer et à entretenir. Ils peuvent devenir dangereux quand ils ne sont plus que des obstacles en orbite et quand ils retombent sur Terre.

Les animaux qui volent, page 35

1. Un animal plus léger a moins de poids à surmonter pour voler.
2. Insectes : peuvent faire pivoter leurs ailes; Chauves-souris : battent des ailes pour voler; Oiseaux : battent des ailes pour se propulser dans les airs.

Animaux volants à fourrure et à nageoires, page 36

Exemple de réponse : matériaux légers, grandes ailes, dispositif de lancement puissant, volets pour diriger le jouet

Les voyages aériens, pages 37-38

Exemples de réponses :

1. Avantages :
- déplacements plus rapides sur de longues distances pour le travail, les vacances ou les visites chez des parents
- livraison rapide de colis et de matériel médical
- les gens peuvent visiter d'autres pays et se renseigner sur leur culture
- on peut transporter des personnes malades ou blessées de régions éloignées vers des hôpitaux
- une activité récréative agréable
- les avions sont utiles quand il s'agit d'éteindre un feu de forêt
- recherche et sauvetage

Inconvénients :
- pollution de l'air et par le bruit qui cause du stress et d'autres troubles de santé
- les microbes se propagent plus facilement dans un avion
- les animaux peuvent être effrayés ou stressés par le bruit des avions et les vibrations qu'ils produisent
- les vibrations produites par les avions peuvent endommager des bâtiments
- le poudrage aérien des cultures peut causer une pollution chimique
- les substances chimiques utilisées pour dégivrer les avions polluent les cours d'eau
- les mesures de sécurité et les retards dans les aéroports causent du stress et d'autres troubles de santé
- les avions consomment une énorme quantité de combustibles fossiles, qui constituent une ressource non renouvelable
- peu de gens survivent à un écrasement d'avion
- la production des matériaux utilisés dans la construction des avions peut nuire à l'environnement

2. a) Ils aiment les voyages aériens parce que leurs emplois en dépendent.
b) Ils ne les aiment pas à cause de la pollution par le bruit et des problèmes de santé.
c) Ils les apprécient parce que les déplacements prennent moins de temps et qu'ils ont accès à des services médicaux fournis ailleurs.

Interrogation sur le vol, pages 39-40

1. portance, poids/gravité, traînée, poussée
2. L'air occupe de l'espace.
3. L'air peut être comprimé.
4. L'air a une masse ou un poids.
5. a) L'air qui se déplace plus rapidement exerce moins de pression que l'air qui se déplace plus lentement. L'air qui se déplace sous l'aile se déplace plus lentement que l'air au-dessus de l'aile. L'air sous l'aile exerce donc une plus forte pression.
b) La portance
6. Les fait ralentir
7. Les moteurs
8. En contrôlant l'équilibre de la traînée exercée sur différentes parties de l'avion, la ou le pilote peut manœuvrer son appareil.

Module : L'électricité

Utilisations de l'électricité, pages 41-42

1. 1-conditionneur d'air, 2-réfrigérateur, 3-lumières, 4-sécheuse, 5-téléviseur, 6-four micro-ondes
2. Exemples de réponses : lampadaires dans les rues, feux de circulation, enseignes, lumières à l'extérieur de la maison, outils de jardinage électriques
3. Exemples de réponses : cellulaire, ordinateur portatif, lampe de poche, baladeur, montre, détecteur de fumée
4. Exemples de réponses : Il faudrait faire la cuisson sur un réchaud de camping et utiliser des chandelles le soir. Il serait impossible d'utiliser la radio, le téléviseur ou l'ordinateur. On ne pourrait pas avoir d'eau chaude du robinet.

L'électricité courante et statique, page 43

1. lampe de poche, fils électriques dans la maison, calculatrice solaire, interrupteur
2. a) charges opposées
b) même charge
3. Les vêtements se frottent les uns contre les autres dans une sécheuse; cela produit de la friction, et une charge s'accumule. Les vêtements dont les charges sont opposées vont coller les uns aux autres.

Expérience : Des céréales électriques, 44-45

1. Résultats prévus :
Étape 5. a) Quand le peigne s'est rapproché du morceau de céréale, celui-ci a été attiré par le peigne et y a collé.
b) Le morceau de céréale s'est éloigné du peigne.
Étape 6. Quand le peigne s'est rapproché du morceau de céréale, celui-ci s'est éloigné du peigne.
2. La friction du peigne contre la laine a créé une charge sur le peigne.
3. Il s'agissait d'électricité statique puisque l'énergie ne suivait pas de parcours.
4. Voir si un peigne attire un morceau de céréale si on ne frotte pas d'abord le peigne contre de la laine; utiliser un différent type de céréale.

Conducteurs et isolants, pages 46-47

Réfléchis bien : Il faudrait que les gants soient faits d'un matériau conducteur pour que tu puisses utiliser l'écran tactile. Les gants de caoutchouc, de plastique (p. ex., molleton) ou de laine ne fonctionneraient pas.

1. Oui, parce que le fil à l'intérieur est exposé et que l'électricité peut y circuler et traverser l'eau pour se rendre jusqu'à toi.
2. Les manches en caoutchouc empêchent le courant électrique de passer de l'outil à la personne si elle touche un fil par accident.
3. Le courant électrique pourrait passer du fil exposé à une personne et l'électrocuter.
4. Conducteurs : pièce de monnaie, élément d'une cuisinière, épingle de sûreté, aimant, écran tactile, fil d'écouteurs; Isolants : crayon, bouton de plastique, bottes de caoutchouc, verre, pneus, table en bois

L'eau produit de l'électricité, pages 48-49

1. a) Malheureuses parce que leurs terres seraient inondées.
   b) Pourraient être heureuses d'avoir un nouveau lac, mais malheureuses de perdre la rivière.
   c) Heureuses, en raison des nouveaux emplois créés.
   d) Malheureuses, en raison du risque d'inondation si un tremblement de terre endommageait le barrage.
2. Les réponses varieront. Assurez-vous que les élèves appuient leurs arguments avec des preuves.

Le vent produit de l'électricité, pages 50-51

1. Plus les pales sont légères, moins il faudra de vent pour les faire tourner. Une éolienne dont les pales sont légères pourra produire de l'électricité même si le vent n'est pas très fort. Des pales plus lourdes nécessiteraient un vent plus fort pour tourner.
2. L'extraction du métal et de la roche nécessaires pour la fabrication du ciment peut polluer l'environnement et gâter le paysage. La transformation du minerai tiré de la mine en pièces de métal à utiliser dans la fabrication de la turbine crée de la pollution. Il faut de l'énergie pour fabriquer des pièces de métal et du ciment, et les méthodes de production de cette énergie peuvent causer de la pollution.

3.

Ressemblances	Différences
- produisent de l'électricité - font appel à des sources d'énergie naturelles et renouvelables - comportent une turbine avec des pales - comportent un alternateur avec aimants mobiles et rouleaux de fils de cuivre	- les centrales hydroélectriques utilisent l'énergie de l'eau en mouvement; les éoliennes utilisent l'énergie de l'air en mouvement - les centrales hydroélectriques doivent être construites près de l'eau; les éoliennes doivent être situées sur des terrains plats et dégagés où il y a beaucoup de vent - les éoliennes peuvent être dangereuses pour les animaux volants; les centrales hydroélectriques présentent des risques pour les gens et créent des barrières pour les animaux sauvages, comme les poissons - les barrages causent l'inondation de grandes étendues de terre et modifient le courant d'une rivière; les éoliennes ne modifient pas les caractéristiques physiques d'une région

Transformer l'énergie, page 52

a) son et lumière
b) chaleur
c) mouvement et son
d) à f) Exemples de réponses : ordinateur - son et lumière; lampe de poche - lumière; radiateur électrique portatif - chaleur; perceuse électrique - mouvement

Tout sur les circuits électriques, pages 53-55

1. a) En parallèle, parce que le courant électrique peut suivre plus d'un parcours.
   b) Oui, parce que le courant électrique peut outrepasser l'ampoule *A* pour atteindre l'ampoule *B*.
2. L'interrupteur produit un vide dans le circuit.
3. Si une ampoule est grillée, les autres resteront allumées et on pourra facilement voir celle qui est grillée.
4. a) Ce doit être un conducteur parce que le courant électrique peut atteindre l'ampoule et l'allumer.
   b) Métal, eau (glace) ou une personne

La vie sans électricité, pages 56-58

Exemples de réponses : Des appareils plus écoénergétiques permettent de conserver l'énergie électrique dans tous les cas.

1. a) Aujourd'hui : cuisinière électrique, four micro-ondes, grille-pain, bouilloire. Conserver : utiliser une autre source de chaleur, telle que le gaz naturel.
   b) Aujourd'hui : réfrigérateur et congélateur. Conserver : appareils plus petits, glacière avec glace, remplir le

congélateur pour qu'il fonctionne plus efficacement, ne pas laisser la porte du réfrigérateur ouverte.

c) Aujourd'hui : ampoules. Conserver : fermer les lumières quand elles ne sont pas nécessaires, utiliser des chandelles ou un éclairage au gaz.

d) Aujourd'hui : le chauffe-eau produit l'eau chaude des robinets. Conserver : un chauffe-eau solaire, baisser la température, utiliser moins d'eau, utiliser un chauffe-eau à la demande.

e) Aujourd'hui : laveuses, sécheuses et fers à repasser électriques. Conserver : ne mettre la laveuse et la sécheuse en marche que si elles sont pleines, faire sécher les vêtements sur une corde à linge, utiliser de l'eau froide.

f) Aujourd'hui : téléphone, courriels, sites Web et textos. Conserver : se rencontrer

Mots croisés : L'électricité, page 59
Horizontalement : 2. parallèle 4. source 7. conducteur 9. zéro 10. série
Verticalement : 1. verre 2. pile 3. alternateur 5. énergie 6. statique 7. courant 8. isolant

Module : L'espace

Notre Soleil est une étoile, page 62
Le Soleil réchauffe la Terre, permet le cycle de l'eau et crée le vent. La lumière solaire aide les plantes à croître, nous fournissant ainsi de la nourriture et de l'oxygène.
Réfléchis bien : Les affiches seront toutes différentes. Vérifiez qu'elles comprennent des diagrammes avec étiquettes.

Expérience : Crée un coucher de soleil, page 63
1. Un faisceau de lumière et peut-être quelques couleurs sur le papier.
2. Des couleurs rougeâtres. Explication : Lorsque le soleil se couche, sa lumière traverse moins d'atmosphère; presque tout le bleu de la lumière est dispersé. Il reste le rouge et l'orange qui donnent de la couleur au coucher de soleil.

Les planètes de notre système solaire, pages 64-66
1. Mars possède la plus haute montagne connue.
2. Vénus est la planète la plus chaude.
3. Mercure est la plus petite planète.
4. Jupiter est la plus grosse planète.
5. La Terre est la planète la plus dense.
6. Mercure a les plus grands écarts de températures le même jour.
7. Uranus est couchée dans sa rotation.
8. a) Mercure iii) grain de poivre
   b) Vénus v) haricot noir ou vii) pois
   c) Terre v) haricot noir ou vii) pois
   d) Mars vi) grain de maïs
   e) Jupiter ii) boule de gomme ou iv) grosse bille
   f) Saturne ii) boule de gomme ou iv) grosse bille
   g) Uranus i) petit dé ou viii) petite bille
   h) Neptune i) petit dé ou viii) petite bille

Les lunes, pages 67-68
1. Le schéma devrait montrer que la Lune se trouve dans la partie la plus sombre de l'ombre de la Terre.
2. 3
3. a) De la Terre, ce qui change, c'est l'angle duquel on observe le côté illuminé de la Lune. On voit donc une plus grande partie ou une plus petite partie de la Lune.
   b) Les phases de la Lune sont déjà placées dans l'ordre, mais les élèves peuvent commencer leur observation au cours d'une phase différente de celle du début. Ils donneront donc à leur première phase le numéro 1.

Ils sont venus de l'espace, page 69
1. Du plus grand au plus petit : astéroïde, météoroïde, comète.
2. Exemple de réponse : Les Perséïdes sont un groupe de météores qui traversent le ciel sous forme d'averse, dans la zone où se trouve la constellation de Persée.

Expérience : Masse des astéroïdes, page 70
1. Les réponses varieront.
2. Le métal est plus lourd.
3. Les astéroïdes de métal ont une plus grande masse que les astéroïdes de pierre de mêmes dimensions.
4. Une comète se compose en partie de glace, ce qui la rend plus légère/moins dense.

Explore le ciel nocturne, page 71
1. a) et b) Les dessins doivent avoir un titre précis et montrer plusieurs objets célestes.
   c) Exemple de réponse : Nous avons examiné le ciel dans différentes directions, ou encore pendant une nuit ou des heures différentes.
2. a) et b) Les réponses varieront. Encouragez les élèves à effectuer leur recherche au sujet d'une culture qu'ils connaissent.

Les astronautes et les voyages spatiaux, pages 72-73
1. Exemples de réponses : Nourriture, air et eau parce qu'il n'y en a pas dans l'espace; ordinateur avec des photos de tes amies et amis, baladeur, lecteur de livres numériques et accès à Internet pour te divertir, entrer et analyser des données, et communiquer; des bandes élastiques pour faire des exercices contre la résistance; un sac de couchage

parce que des couvertures ne resteraient pas en place pendant le sommeil; des bouchons d'oreilles pour bloquer le bruit fait par les autres; des outils pour les réparations.

2. Exemples de réponses : protection contre l'espace froid, sans air et plein de radiations; espaces pour le rangement (y compris le rangement de la nourriture) et pour les déchets (vêtements sales, déchets humains, sachets de nourriture vides, etc.); aire d'exercice; couchettes; toilettes; pièce et matériel pour les expériences; moyens de communiquer avec la Terre; hublots.

Autres engins spatiaux, pages 74-75

1. Exemple de réponse : Les engins qui décrivent une orbite ne risquent pas de s'écraser lors d'un atterrissage et n'ont pas à être lancés pour quitter la planète. Ils n'ont pas à résister aux conditions sur la planète. Les engins qui se posent peuvent recueillir des échantillons et examiner la planète de très près.
2. Exemple de réponse : Le rover doit pouvoir résister aux accélérations soudaines, aux basses et au hautes températures, à la pression et à la poussière, et doit fonctionner sans réparations. Il doit être suffisamment petit et léger pour entrer dans un véhicule spatial et il doit pouvoir en sortir quand le véhicule atteint sa destination. Le rover doit pouvoir être contrôlé à distance, se déplacer facilement et renvoyer des photos.
3. Le rover peut se déplacer pour recueillir plus d'échantillons ou de meilleurs échantillons, ou encore pour prendre des photos de différents points de vue.

Le Canada dans l'espace, pages 76-78

1. a) Marc Garneau
   b) Roberta Bondar
   c) Robert Thirsk
   d) Chris Hadfield
   e) Stephen MacLean
   f) Julie Payette
   g) Dave Williams
   h) Bjarni Tryggvason
2. Les réponses varieront. Vérifiez que les élèves ont réfléchi aux habiletés nécessaires et aux défis.
3. Nutritionniste, ingénieure/ingénieur, aménageuse/aménageur du cadre de vie, mécanicienne/mécanicien, technicienne/technicien, astronome, spatiologue, psychologue, psychiatre, dessinatrice/dessinateur de mode.

La technologie spatiale, pages 79-80

1. Les réponses varieront. Vérifiez si les élèves appuient leurs arguments.
2. a) Frais vi) Les aliments ne contiennent aucun agent de conservation et doivent donc être consommés très vite.
   b) À humidité moyenne ii) Une partie de l'eau est retirée des aliments. On ne leur rajoute pas d'eau avant de les manger.
   c) Irradiés iii) Les aliments sont cuits, puis emballés dans des sachets d'aluminium. On les stérilise en les soumettant à des radiations, afin de pouvoir les garder à la température de la pièce.
   d) Naturels v) Les aliments sont prêts à manger et emballés dans des sachets souples.
   e) Réhydratables i) Les aliments sont lyophilisés pour en retirer l'eau. On leur rajoute de l'eau avant de les manger.
   f) Thermostabilisés iv) On fait chauffer les aliments pour tuer les bactéries et pouvoir garder les aliments à la température de la pièce.
3. Les ressemblances comprennent l'espace confiné et la nécessité d'un équipement de vie.

Les animaux dans l'espace - Acceptable ou non? page 81

Toute réponse sensée est acceptable.

Mots croisés : Les corps célestes, pages 82-83

Horizontalement : 1. Vénus 4. orbite 5. météore 6. Saturne 8. système solaire 11. Uranus 12. Lune 14. comète 15. Terre 17. astéroïde

Verticalement : 2. Soleil 3. constellation 7. Neptune 9. Mercure 10. Jupiter 13. galaxie 14. Canadarm 16. Mars